U0751045

Images of Ideas

观念图志

赵汀阳----著、绘

厦门大学出版社　国家一级出版社
XIAMEN UNIVERSITY PRESS　全国百佳图书出版单位

图书在版编目(CIP)数据

观念图志/赵汀阳著、绘.—厦门:厦门大学出版社,2020.11
ISBN 978-7-5615-7613-7

Ⅰ.①观… Ⅱ.①赵… Ⅲ.①哲学—通俗读物 Ⅳ.①B-49

中国版本图书馆 CIP 数据核字(2019)第 194707 号

出 版 人	郑文礼
责任编辑	冀 钦 朱迪婧
装帧设计	张雨秋
技术编辑	朱 楷

出版发行 **厦门大孝出版社**

社 址	厦门市软件园二期望海路 39 号
邮政编码	361008
总 机	0592-2181111 0592-2181406(传真)
营销中心	0592-2184458 0592-2181365
网 址	http://www.xmupress.com
邮 箱	xmup@xmupress.com
印 刷	厦门兴立通印刷设计有限公司

开本	889 mm×1 194 mm 1/32
印张	4.375
字数	85 千字
版次	2020 年 11 月第 1 版
印次	2020 年 11 月第 1 次印刷
定价	42.00 元

本书如有印装质量问题请直接寄承印厂调换

厦门大学出版社
微信二维码

厦门大学出版社
微博二维码

再版前言

感谢厦门大学出版社有兴趣再版这本将近 20 年前的小书。当年原本准备的是一本单纯的漫画册，但出版社建议加上文字，理由是这些漫画并非通常的漫画，其中有观念，还有学术典故背景，需要一些文字解释，于是写了相关文字，但这些文字也不是对漫画的解释，只是一点相关背景。我还是坚持认为，不需要文字解释的漫画才是好漫画。我是从事哲学研究的劳动者，但在画画这件事上，我不相信文字解释能够为画面增加意义。关于漫画我还有一个偏见，就是认为单幅的漫画好过连环漫画。连环漫画就有了叙事性，同时减弱了观念性，而我并不打算讲故事，也非我所长。这本小书中的单幅漫画显然好过连环漫画。后来我也不画连环漫画了。

书中的大部分文字和漫画一样，大多是漫画化的主观看法，不是学术观点，与我的著作或论文中的观点颇有出入，当然也有部分与学术观点是一致的。采用主观看法，主要考虑的是配合漫画的趣味性。这次再版，对文字做了一些修改，不是重写，基本上保留了属于那个过去时代的主观性。这本小书收入的漫画是 20 世纪 90 年代的作品，现在的漫画略有进步，已经很少需要文字了（标题不算在内），不过新的画作没有编入这本小书。

最后我要感谢本书编辑朱迪婧，是她促成了本书的再版。

赵汀阳
2019.11.22

Preface

前 言

观 念 与 图 像 的 距 离

　　漫画本来是不要或者基本不要文字说明的。我一直坚持这个传统感觉，总觉得一旦需要文字帮忙，就证明图像水平不高。但是有一些碰巧知道做哲学的赵汀阳和画漫画的赵汀阳是同一个人的朋友们，多次建议我给"精选的"漫画配上哲学方面的文字，以便增进理解和快乐。虽然这样做了，是否能够因此增进理解，却不知道，因为在观念与图像之间显然存在着距离，即使在同一主题下，它们也各自表达各自所能够表达的东西。加上文字虽然不一定能够增进理解，但如果能够因此增加快乐就好了。快乐比理解重要。

　　虽然给漫画配上了文字，但是这些文字显然不是真正的哲学讨论，至多是与哲学有关的议论而已。而且，这些文字所涉及的哲学观念也并不都属于我自己的哲学理论。其实在画漫画的时候我根本没有想到理论，而是随便碰到什么能够变成快乐图像的事情就给画了。漫画仅仅是休息，就像有的人以拉提琴或下围棋作为休息一样，是一件与哲学活动完全无关的事情。如果说这些漫画里面往往涉及一些哲学观念，那是因为哲学观念于我比较现成，是手边的东西而已。

在画漫画时往往自我感觉好像是在画一些实验艺术的草图，特别是一些在真实条件下不能实现的实验艺术。我很愿意说，当代实验艺术的本质是漫画性的。只是不知道这个看法对不对。

这里收集的漫画选自近年来在《读书》《商务周刊》《天涯》和 *Alliage*（一个法国人文杂志）上的专栏。不过有一部分漫画是按照记忆重画的，因为原作被朋友们拿走了。

赵汀阳
2003.6.21

Contents

目 录

Thinker

思 想 家

赫拉克利特：灵魂弄湿了就搞不清方向

▲ 赫拉克利特

　　赫拉克利特崇拜火。可能与此有关，他又进一步相信干燥比潮湿要好。这一点我很同意，比如说，北方的干燥虽然也不很舒服，但比南方的潮湿要好一些。干与爽联系在一起，而湿就会有点黏糊糊。赫拉克利特说，干燥的灵魂才是优秀的，如果灵魂变湿了，不是快乐就是死亡。他举例说，一个人喝醉了就迷失方向，这是因为他的灵魂是潮湿的。如果把灵魂弄湿了，糊里糊涂的，按他的归类，那叫快乐，因此似乎也可以说，快乐无非是糊涂。但如果把灵魂弄得太湿，湿到整个成了水，就是死了。赫拉克利特这个理论古怪，但他身体力行，大概在他 60 岁的时候，他得了水肿病，这正是他所反对的潮湿。忍无可忍，于是他住到牛棚里希望牛粪的热气能够帮助他拔干水分，但无济于事，终于不治而死。

古希腊时代的医学错误百出，但想法可爱。亚里士多德以为呼吸的意义只不过在于冷却血液。这个想法在直观上就不合理，因为它好像暗示说，如果在极其寒冷的地方，呼吸就变成多余的。古希腊医学还把人按照"气血"类型分为多血质、胆汁质、忧郁质和粘液质。据说多血质热情，胆汁质鲁莽，忧郁质诗性，粘液质认真。尽管这个理论不准确，还是被追认为心理学的起源。古代知识虽然颇多错误，但很生动，所有事物都有表情。

赫拉克利特说过许多众所周知的名言，例如"人不能两次踏进同一条河"，反对逻辑的人都喜欢；也说过许多诗人会喜欢的话，例如"太阳有人的脚那么宽"。

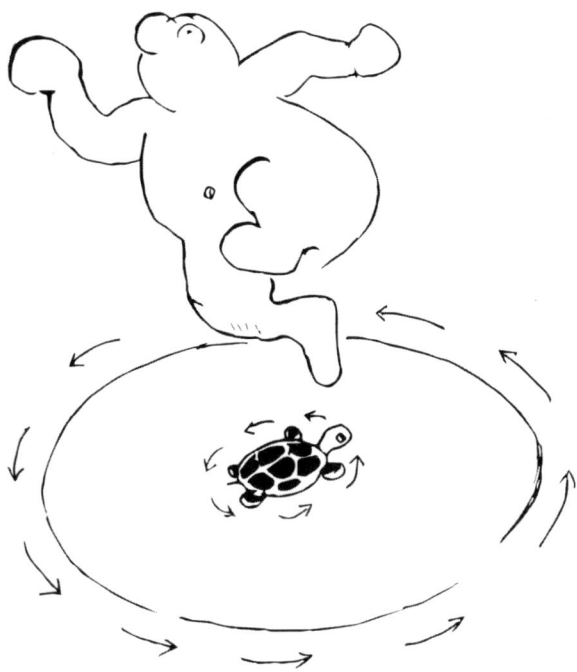

阿基里斯这样就真的追不上乌龟了

▲ 如何使阿基里斯真的追不上乌龟

  合格的诡辩"明明"是错的,但在逻辑上无可挑剔,所以驳不倒。芝诺的经典例子是:给定飞毛腿阿基里斯让乌龟先走出路程 m,那么当阿基里斯追到 m 时,乌龟又爬到了一点 n,阿基里斯又追到 m+n 时,乌龟又爬了一点点……阿基里斯只能不断逼近,但永远追不上。不过许多诡辩并不合格,例如公孙龙的"白马非马论"就不能算是合格的诡辩,因为缺乏不可抗拒的逻辑力量,只是语言诡计而已。这不是贬低公孙龙,公孙龙的逻辑水平虽然有限，但他却是最早的语言哲学家，他的思想与两千多年后的分析哲学颇有相通之处，比如他的命题"物莫非指，而指非指"就意义深远。传说宋太祖的诡辩颇为不凡。边境农民向宋太祖指控边关守将说，边关守将虽然击退了辽兵，却强抢财物还抢民女做老婆。宋太祖问，原来辽兵抢得多还是守将抢得多？回答说是辽兵抢走的多。又问，如果民女不被抢去做将军老婆，会嫁谁呢？回答说只能嫁农民。于是宋太祖说，这我就不知你们在抱怨什么了。结果众人皆服。

　　合格的诡辩是"事实上错，逻辑上对"。人们往往根据事实去否定诡辩，这样就不懂诡辩真正所要揭示的问题。其实没有人傻到不认识事实，诡辩的目的不是歪理，而是想指出思想真理和事实真理之间往往存在着距离。"先天的"思想真理可以与事实真理无关，无须事实证明，只需要命题之间是"融贯的"就可以了。甚至有的"诡辩"在任何条件下都无法反驳，于是就确实成了真理。例如康托的集合论能够证明偶数的数目和自然数一样多：偶数系列 $\{2，4，6，\cdots\}$ 是无穷的，自然数系列 $\{1，2，3，\cdots\}$ 也是无穷的，两者可以完全映射，所以一样多。我们明明知道，自然数应该比偶数多一倍，但没有办法，两者一样多是可以严格证明的，而自然数比偶数多一倍反而是我们的一个信念，并非证明。

　　我这里所画的比赛情况比芝诺的游戏要高明一些，而且还不用阿基里斯让先，乌龟不仅在思想上而且在事实上也永远不败。

▲ 笛卡尔

"笛卡尔怀疑"不应该归入怀疑论，至少这个归
类有些可疑，因为他要论证的重点不是"某些东西是
无法证明的"，而是"总有某些东西是不能怀疑的"。
"笛卡尔怀疑"的贡献并不仅仅在于获得"我思故我
在"这样一个漂亮的命题，而在于它发明了先验论证
（transcendental argument）的方式。尽管康德定
义的先验论证更为严格也更高明，但先验论证的第一作
者应该是笛卡尔，不过，更早的先驱是奥古斯丁。

我们知道，至少有两种命题是绝对真理：一是逻辑（数学）命题，即使与事实不符，只要推理正确，就必然正确；二是有着铁证的特殊经验命题，例如"a今天看了电影"，当且仅当，a今天的确看了电影。许多哲学家相信，除此之外，还有一种命题也是绝对真理，如果它能够满足先验论证的话。先验论证到底有多少种标准，这可以讨论，但这样一个格式是最常见的先验论证：如果a是反对a的论证的一个必要条件，那么a反而被证明为绝对真理。笛卡尔的发现正是运用了这个格式：你不能怀疑"你在怀疑"这一事实。这个奇妙的先验论证格式可以用来证明许多东西，比如证明逻辑的绝对性。显然，如果你要构造一个反对逻辑的论证，你还是不得不使用逻辑，所以逻辑不可能被任何论证所反对。

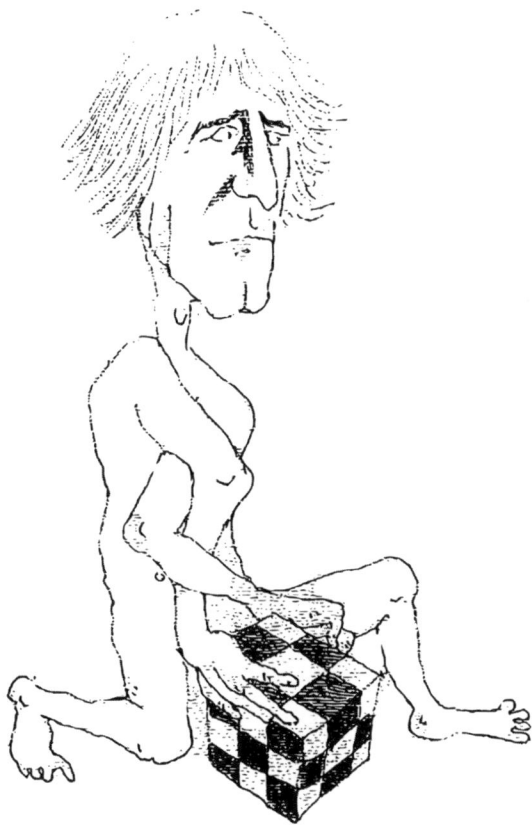

黑哲尔的辩证法

▲ 黑格尔和辩证法

在 20 世纪从 50 年代到 80 年代初，黑格尔哲学
曾经是许多中国人心目中最像哲学的哲学。这其中有一
种迂回的崇拜。黑格尔哲学是马克思主义的一个重要背
景，因此连带地比较受重视，而且，在喜欢德国古典哲
学风格的学者心目中，黑格尔的论述方式最具思辨性，
所以更像哲学。不过我认为马克思的思想有更切中现实
问题的力量。事实表明，100 多年来，马克思问题总
是挥之不去，像回旋镖一样回到现实。其实，那种似

乎"更正宗"的德国古典哲学风格就是更学院气的风格，黑格尔通过在一堆概念之间搞辩证法就在纸上把宇宙万物推演出来，其中不乏深刻见解，但总有纸上谈兵的感觉。黑格尔对事物的普遍联系的理解就十分独特，多数人一般都是从约束条件和互相约束条件的角度来理解事物关系，但黑格尔却从概念的语法或语义关系来推演事物关系。坚持经验主义传统的英美哲学家们通常不太同情黑格尔，比如罗素就曾经用一个粗浅到"黑格尔自己决不至于使用的"例子来加倍地丑化黑格尔。他说，黑格尔式的世界推演大概相当于从舅舅推演出外甥以及姐妹和姐夫或妹夫等等。更有争议的是，黑格尔相信他的辩证法是一种比形式逻辑更好的逻辑，这使严肃的逻辑学家们非常反感。辩证法可能是好的方法论，或者是一种存在论，但和逻辑真的没有干系。黑格尔进一步认为他想象的那种"逻辑"又与形而上学是同一的，这又好像是说，哲学只能按照他想象的那种"逻辑"去思考，这样很难取信于其他哲学家。

黑哲乐的绝对精神

▲ 黑格尔与 "绝对精神"

其实我真心觉得黑格尔很了不起，很少有人具有他那样宏大的眼界。

黑格尔的辩证法把无穷的可能性都化归为单调的必然性，这与其说是逻辑错误，还不如说是存在论谬误。"绝对精神"有一套大三段又套着小三段的著名的辩证运动方式，这套安排得过于整齐的运动使人疑心为什么世界非要长得如此对黑格尔有利。黑格尔通过这套运动想象了史无前例的宏大叙事，这一点倒是影响深远。黑

格尔对历史终结的想象极大地鼓舞了福山，虽然历史的
终结这一问题没有变，但是福山给出的答案变了。当年
黑格尔认为只有德国才能表现绝对精神的种种完美性
质，福山只不过把所有优点又都划归给了以美国为代
表的民主世界。但是仅过了几年，福山的历史终结论就被
亨廷顿的文明冲突论超越了。

　　数十年来，解构主义者声称宏大叙事破产了，人
们不再需要了。这显然说错了，人们虽然需要破坏性行
为所带来的暂时性高度兴奋，但是毕竟不能"过把瘾就
死"，人们更需要制造各种理想或神话，以便赋予生活
长远甚至永远的意义和理由。不管那些宏大理想是否真
的值得追求，它们都足以构成生活的借口。生活总需
要某些高尚的借口来做蠢事，或者做坏事，或者做好事。
如果失去宏大叙事，心灵就只有蚂蚁的尺寸。

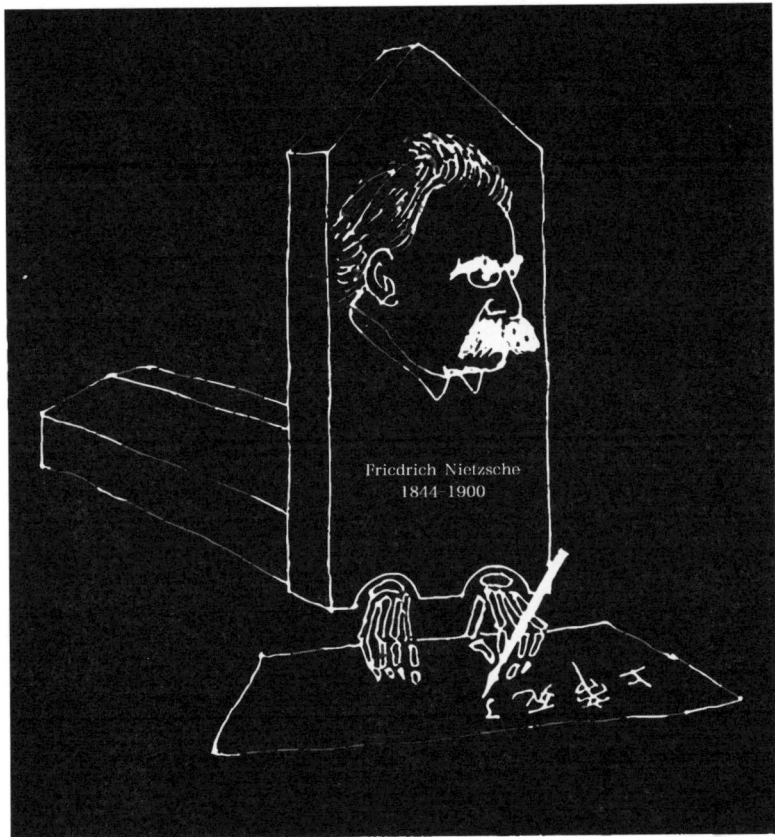

Fricdrich Nietzsche
1844-1900

▲ 尼采与上帝

    尼采疯疯癫癫。尼采名气极大,他的思想大多属
于"奇谈怪论",但有着惊人的诚实,说出了人们不太
愿意承认的许多实话。尼采广泛而深远地影响了现代后
期乃至后现代的文学、艺术和文化。如果我没有搞错的
话(有可能搞错),尼采是批判现代性的第二人——马
克思应该是第一人,但他们的批判角度完全不同,马克
思的现代性批判是社会批判,而尼采对现代性的精神性
批判同时使他成为后现代的第一人。

　　据说疯癫是某些天才的一种表现，或许是真的，但难以证实，只是民间传说。但肯定不能反过来说，疯癫的都是天才。有时候天才由于与社会格格不入而倍感郁闷，尼采是不是被时代和社会逼成神经病，尚无定论，但与他同时代的伟大数学家康托确实被学术体制逼成了神经病。尼采属于现代高歌发展而又仍然保有浪漫主义情感和经验的时代。19世纪后期，科学、经济和社会飞速发展，一切都日新月异，今天社会的很大一部分日常生活形式都是在那时候发明的，昨天还坐马车，转眼便坐火车。当时社会的主流气氛是乐观主义的激情，同时生活经验则充满新旧兼备的浪漫主义，而浪漫难免夹杂着感伤。这一反差大概激发了尼采的许多异常思想，他进行了他自己"一个人的战争"，塑造了贵族气的"超人"概念，又石破天惊地宣布了上帝之死。叶秀山先生在一篇文章里曾经分析了尼采"超人"的各种品性，比如肆无忌惮、自我中心、反复无常等，从而得出结论说，尼采所谓的"超人"正好是先秦中国所谓的"小人"。这个分析着实有趣。不过有趣归有趣，其实中国文化里不存在与尼采的"超人"相匹配的概念，"超人"虽然藐视伦理，却又具有人所不及的高贵品质和灵魂，这种形象实非中土所有。

弗洛伊德发现了巨大的秘密

▲ 弗洛伊德发现了巨大秘密

  弗洛伊德通过临床经验发现了人类心理的巨大秘密，但无论在什么意义上说，他都借助了巨大的想象力，这种想象是哲学的而不是严格科学的。弗洛伊德不是职业哲学家，但他的理论却是人类历史上最有影响的思想之一。性的问题可能并不像弗洛伊德所夸张的那样是心理的决定性因素，但肯定是对人有着奇特影响力的动力，以至于诱发了许多动人的故事或恐怖的罪行。性能够解释或说明的问题恐怕不像心理分析家所鼓吹的那样几乎决定了生活、艺术和文学，甚至政治和战争。不过可以说，性的重要性与其说在于它是生活的一种基本行为，还不如说在于它是人们的一种幻想形式，人们需要这种幻想就像需要关于美好社会的幻想一样。到今天为止，仍然无法证明心理分析是一门合格的科学，只能说它是个包含着未经证实的理论想象的经验学科。人的心理在"原因"方面过于复杂，而且稳定性差。对于具体人而言，普遍性的原理或理论并不一定总是有效，其实经常失效。人总有特异性，而且，各种原因的不同组合也会导致完全不同的心理状态，总之，人心难测。这可能是心理治疗的成功率并不很高的原因之一。我有个朋友，是心理分析学家，曾经是拉康的学生和助手，他对我说过，精神病人其实并不真正需要被治好，而是需要被治疗。

以罗素悖论的解决

▲ 罗素悖论

　　当年罗素和怀特海一起长期足不出户，苦苦创作
了惊世之作《数学原理》，从而成为数学三大流派之一
"逻辑派"的领袖。据说在终于解决了其中关键问题之
后，罗素从屋里跑出来说，他妈的，逻辑就是地狱。

　　罗素的数学原理蕴含一个关于集合论的著名的"罗
素悖论"，说的是：假定 M 代表一切包含着自己作为元
素的那些类所组成的类，又假定 N 代表一切不包含自
己作为元素的那些类的类，问题是，既然 N 是一个类，

那么 N 应该属于 M 还是 N？如果 N 属于 N，则 N 是它自己的一个元素，按照规定，它就应该属于 M；可是，如果 N 属于 M，则 M 和 N 互相矛盾，不能共存，于是 N 就不能是 N 的元素，按照规定，N 就又必须属于 N。这里有个不断自我否定的循环。看来，如果逻辑是地狱，那么悖论就是魔鬼。

罗素悖论的通俗版叫作"理发师悖论"：有个理发师非常有个性，他规定，凡是不给自己刮胡子的人，他就给他们刮胡子；凡是自己刮胡子的人，他就不给他们刮胡子。可是理发师后来发现出了问题：他该不该给自己刮胡子呢？如果刮，他就应该被归入给自己刮胡子的人，按照规定就应该不给刮；而如果不给刮，那他就又属于不给自己刮胡子的人，按照规定又必须给刮。不管刮胡子还是不刮，都将违背自己的规定。

有一次我告诉艾柯（Umberto Eco）说我找到了一个解决方案，即这幅画里的方案。艾柯大笑，他说，无独有偶，他也有一个"同样好"的解决方案："那个理发师其实是个女人"。艾科的解决方案是个机智的玩笑，不是真的解决方案，因为如果是女理发师就本无悖论了。但这幅画的解决方案却是当真的，探问的是理论上的一种可能性：一个悖论在所属的系统内无法解决，但如果把这个系统的一部分映射到另一个系统里，像量子分身那样，是不是就能够解决呢？这暗示着，在一维时空里的逻辑问题如果转换为多维时空中的意识问题，是不是就能够解决呢？这是逻辑的解决方式还是存在论的解决方式呢？

罗素和教皇是一个人

▲ 罗素与逻辑证明

罗素是英国人，英式幽默很多。我个人的偏见是，世界上的幽默莫过于英式幽默。

有一条逻辑定理说，任一假命题都蕴涵任何一个命题。比如说可以这样："2+2=5"（假命题）蕴涵"雪是白的"（真命题）。这样的"谬论"在 100 年前还很让人气愤，结果当时就有人挑战罗素，要他从"2+2=5"推出"罗素是教皇"。罗素给出了这样的证明：假定 2+2=5，等式两边各减去 2 得 2=3；换位得 3=2；两边各减去 1 得 2=1；教皇与罗素是两个人，但是既然 2=1，那么教皇与罗素是一个人，所以罗素是教皇。

逻辑有着铁一般的力量，逻辑也因此怪事多多。逻辑学家斯穆里安（Smullyan）说他最喜欢的一个发明是一个貌似"合理的"三段论："某汽车嘎啦响，我的汽车是某汽车，所以我的汽车嘎啦响。"我觉得我的一个三段论也相当不错，其中还包含两个众望所归的命题："时间就是金钱，金钱如粪土，所以时间如粪土。"罗素的证明是以理欺人，几乎是希腊诡辩家再世，而斯穆里安的三段论准备恶心逻辑教师，我的三段论则要献给经济学家或者伦理学家。

海德格尔：在这个时代，诗人何为？

▲ 海德格尔与诗人

　　海德格尔对诗的推崇——仅限于"真正的"诗，比如荷尔德林的诗——深得诗人们的心。他还把"诗"和"思"联系在一起——限于"真正的"思，比如古希腊的思想或海德格尔自己的思想。这似乎想说，真正的诗和真正的哲学是同一的。海德格尔对诗与哲学有着内在联系的发现很有道理，但未必总是如此，所以海德格尔指望"真正的"诗或哲学。但问题是，诗和哲学的标准一直都不确定，而且不知道由谁说了算。有趣的是，那些真正伟大的诗，按照海德格尔的标准，就是言说存在本身的诗，却是几乎不可翻译的，一经翻译就失色。比如荷尔德林的诗的中文翻译就读不出那么伟大，而唐诗宋词的西方语言翻译也如此。这似乎暗示，存在是说方言的。

大多数的诗只是关乎个人情怀，通过情境性的共情与他人心灵呼应，基本上表达的是"小我"。哲学思考的都是人类共同的难题，是关乎世界和意识的大事，表达的是"大我"。当然，伟大的诗人能够超越小我而表达大我，因而伟大；反过来，哲学家也可能把大我写成小我，因而小气。我对诗的了解不多，但有个偏见，仅供参考：诗可有三境，一种表现为"我是这样的……"；另一种表现为"我们是这样的……"；还有一种表现为"世界是这样的……"，这就近乎哲学了。

忽然想起柏拉图对诗人的警惕，柏拉图知道诗人有才华，但没什么用，弄不好还有害，因此他建议欢送诗人到别的城邦去。海德格尔感叹的是，现在整个世界都被商业和技术败坏了，诗人又能够去哪里呢？更别提"诗意的栖居"了。

海德格尔准确地把握了死亡和恐惧的问题

·当古汀P64

▲ 海德格尔与死

海德格尔哲学是里程碑，他算不上雄辩，但以深
思熟虑的洞见成功地把哲学从对"存在"的关注落实在
对人"这个存在"（Dasein）之上。Dasein 通常翻
译为"此在"，还有翻译为"定在"或"亲在"，我曾
经翻译为"达在"（有谐音的优点），但都不足以翻译
Dasein。海德格尔的意思是，人这种存在，不是像外
人一样旁观世界的意向性主体，而是被抛在"世界中"
却又能够意识到这种存在状态的存在，所以，Dasein

提示有限时空中的在世性、生命的有限性和对存在本身
的意识。这样多的含义就不容易翻译为一个词了。

　　海德格尔通过分析人的"根本性"存在状况而获
得关于人的深刻意识——不是关于人的知识，而是直达
存在的意识。这是最正宗的哲学感觉，假如我们以古
代哲学，比如古希腊哲学，作为正宗哲学的标准的话。
知识属于经验科学，但知识不能解决所有问题，尤其无
法解决最重要的问题。知识的增长已经使我们知道了各
种事物的各种细节，但是不可能解决我们真正最想解决
的各种困惑，比如说生活的意义。海德格尔讨论了包括
生死、恐惧、绝望等关乎存在的根本问题。不过要是到
海德格尔的书中寻求关于这些问题的人生答案恐怕是
令人失望的，他只是提醒了这些根本问题的哲学意义，
而这些人生问题的答案属于每个人自己，没有一个答案
比你自己的经验更有意义。

▲ 维特根斯坦与苍蝇

　　维特根斯坦可能是 20 世纪的哲学家中最为传奇
的，大多数哲学家也会同意他是有史以来最伟大的哲学
家之一，就像柏拉图、亚里士多德和康德那样。这很可
能是因为他显示出古代大师的那种深不可测的创造性。
分析哲学的两个学派，逻辑分析哲学和日常语言学派，
都从他那里获得了决定性的理论灵感。尽管分析哲学的
统治地位在今天已经弱化，但维特根斯坦哲学却可能会
成为永远的经典，他的思想远远超出某个学派的界限。

不管是维特根斯坦还是海德格尔，他们的思维都具有希腊式的原生创造力。

维特根斯坦没有学过哲学，他学的是机械，甚至没有读过多少哲学书，却成功地发动了哲学革命。但他不是别人学习的榜样，因为天才是学不来的。不过，维特根斯坦的成功与他幸运地遇到许多真诚追求真理的人有关，否则的话，像他那样直率到狂妄，难免被误解。有个故事说，在他已经成为公认的大师后，剑桥大学准备给他一个博士，但形式还是要走一下，于是让当时最有名的哲学家罗素和摩尔当答辩老师，维特根斯坦草草回答了几个问题之后对他们说，我看就这样了吧，反正你们又不懂。就这样通过了。罗素和摩尔的胸怀让人感叹，像这样能够显示人类德性光辉的故事现在越来越少了。维特根斯坦也是个独特的教师，他总是在课堂当场思考新问题。他有时在课堂上对学生说，瞧我多笨，这个问题还想不通。维特根斯坦是对的，哲学关心的那些问题永远也不可能彻底想通，所以哲学家只能像瓶子里的苍蝇一样狂飞，找不到出路。

▲ 维特根斯坦与治疗法

　　维特根斯坦总是从日常生活经验中获得启发，例如他说过他父亲是个生意人，所以他对待哲学问题也要像他父亲那样"把账一笔一笔地算清楚"。不喜欢学院而喜欢实际生活的维特根斯坦到山村做过几年小学教师，据说因为嫌学生太笨就把学生揍了一顿，被家长们赶走了。我疑心他之所以喜欢讨论一些特别朴素的语词，例如"疼痛""哭""加法""游戏"之类，或许与当小学教师的经验有关。他还把哲学工作看作是"治疗"——不知道他和医生有什么关系没有——对语言和思想的治疗。维特根斯坦相信，许多貌似深刻奥妙的问题其实是由胡思乱想形成的，那些问题本来就没有真值，甚至没有意义，所以当然解决不了，而越是解决不了，就越显得深刻，人们就加倍胡思乱想。从根本上说，胡思乱想源于人们不正当地使用语言，不是说违反语言的语法，而是违反了"哲学语法"，正是合乎语法的语言掩盖了违背"哲学语法"的语言行为，所以产生了胡思乱想。维特根斯坦这个发现对于哲学有着划时代的意义。在维特根斯坦的哲学革命之前，人们没有意识到语言的用法会导致思想错乱，没有意识到必须负责任地使用语言。

语言有个秘密：语言的广阔程度超过了逻辑的广阔程度，这样，就语言能力而言，语言可以表达任何可能世界，其中包括大量与生活无关的、离奇的、荒谬的或没有价值的可能世界，甚至还能够生产出连逻辑都不允许的非法世界，比如悖论或自相矛盾的论述。于是，假如我们喜欢折腾语言，便会通过想象力而生产出许多荒谬的"哲学问题"。既然语言什么都能说，当然就会胡说，我们就这样进入语言编织的梦，在语言之梦中过活，研究在梦中显得很深刻的东西，可惜都没有意义，想了也白想。克服"着魔的语言"，是谓哲学的治疗。

"这滚蛋把衣服穿错了！"

▲　福柯与精神病人

　　福柯曾经宣称人的死亡，他说作为主体的人的概念在现代性中失去意义，就像"沙滩上的画像会被抹去一样"。由于尼采先前宣称了"上帝之死"，福柯接着宣布"人之死"就形成了一种呼应和延续。这些惊世骇俗的说法很有道理，但多少也有些华而不实。其实我们没有理由认为——更不用说证明——哪一种意义是"人"的法定意义，哪一种意义却不可以是它的意义。就像"你没有失去角"不能证明"你原来就长着角"，"你原来做梦"也不能证明"你永远只能做梦"。因此，人这个概念也不能说因为失去了主体性就不再是人的概念了。何况主体性本来就只是现代哲学的梦想，更准确地说，主体性是一个现代的发明。显然不能说，在现代发明主体性之前，人类在古代的"漫漫长夜"中都不是人。

　　福柯在文化界的影响超过在哲学界的影响，但这不是因为福柯在哲学上的贡献不如在文化上的贡献，而是学院派的哲学家越来越不懂哲学。当代哲学的一个错误就是居然把哲学变成了一个专门学科，变成一种有着固定程序的知识生产。这种八股化的哲学很难跟上真正的问题。福柯研究的课题，诸如精神病人、性、知识与权力的关系等等，都不是哲学中的专业化问题，表面上更像是属于社会学和历史学，但其实是时代要求哲学必须面对的新问题。福柯打破学科分界的研究使哲学能够保持其思想的前卫性。

　　福柯和弗洛伊德都特别关注精神病人的问题，但基本态度不同。记得有个朋友有一次给领导们"通俗扼要地"讲解精神分析时说，弗洛伊德指出，人人都有神经病，只是程度不同而已。领导们脸色立刻变得很难看，有个领导问：真是这样吗？除了器质性的精神病，神经病是个复杂问题，福柯的研究已经揭示了疯癫概念的复杂性。有一次我问一个精神病院的院长，如何界定神经病？可能是考虑到我从事的是哲学，院长思考良久回答说：与众不同的人。

▼ 德里达的解构

德里达的核心概念"解构"如此著名，被广泛运用到人文或社会科学多种学科以及文学艺术上，但其中许多用法可能是滥用。德里达多次抱怨过人们没有正确理解什么是解构，可是他自己也从来没有说清楚什么是解构。这不算是缺点，大多数哲学概念几乎不可能被明确定义，例如"真理"、"善"、"幸福"、"正义"和"原因"等，哲学家们给出的定义通常是富有意义的，但往往没有确定的封闭边界，所以含义总是开放的。

解构更像是一种艺术手法而不是科学或逻辑方法，所以就更无法定义了。在某种意义上，对解构的歪曲或

德里达：写出的总会烟消云散

者滥用正是一种合法的解构。我个人的理解是（可能也是歪曲），从学理上看，解构兼有怀疑论和颠覆性的混合性质，并且由怀疑和颠覆构成一个类似于辩证运动的过程。从应用上看，如果存在着某种权威性或支配性的话语，就总能够找到某种理由去不信任它。但不能把解构等同于否定，没有理由去肯定某种观念，同样也没有理由去否定它，而既然没有理由加以肯定或否定，那么它就总能够被改写，但又并非把它改写为另一种权威话语——那样就变成了革命而不是解构了。与革命不同，解构不想把一种权威换成另一种权威，而是试图让每种东西都变成一个辩证过程，从而任何事情都没有权威。解构的辩证过程并不像黑格尔的辩证法那样要达到最后的完美表现，而是使事物始终保持辩证的状态,这样就只能是艺术而不是科学了。从实践手法上看，解构是一种使事物拒绝知识化的艺术，如果我们试图形成关于某种事情的标准知识，就会有办法去揭发这种知识的内在悖论性。例如"宽容"这个概念，按照德里达的理解，就有内在的悖论性：如果一件事情是我们终究可以接受的，那么对它的宽容就算不上是真正的宽容，只不过是宽容了本来就打算宽容的事情。于是，宽容又意味着去宽容那些绝不可以接受的、忍无可忍的事情，可是忍无可忍的事情是万万不可宽容的。就是说，只有能够宽容那些不能宽容的东西才能表现出宽容的意义和力量，但宽容不能宽容的事情却构成自相矛盾，而且往往是错误行为，它会把宽容这件好事变成坏事。解构或多或少说明了，没有一个问题能够被解决，但把问题暴露出来，总比让它隐藏着要好。

哈贝马斯的"理想对话状态"

▲ 哈贝马斯拯救理性

　　许多当代哲学家都直接或间接地批判了现代性，即现代的物质和知识生产方式、社会管理和控制方式，以及为现代制度提供理论根据的观念体系，尤其是其中的主体性、理性、真理、科学和进步等观念，都不断被批判。无论是马克思还是尼采，无论是福柯还是德里达，或其他哲学家，都以不同风格表现了怀疑论和辩证批判的结合，都揭示了现代理念自身的内在悖论和矛盾。与这些揭示了现代性令人失望的真相的哲学家不同，哈贝马斯是个积极乐观的现代哲学家，虽然他也批判现代性的缺陷，却把现代性理解为远远没有完成的事业，或者说，把启蒙理解为远未完成的理性事业，这样的话，现代性的矛盾和缺点就只是暂时的了。哈贝马斯给自己规定了一个乐观但又难以达到的目标，他要想象出拯救现代性然后"充分"发展现代性的途径。

要拯救现代性根本在于拯救理性。现代以来，理性成功地落实为"经济人"（个人利益最大化），又成功地表现为"科学人"（知识的权力化和普遍化），但这两者的副作用也是巨大的。哈贝马斯试图通过发展理性而拯救理性。他的想象是，在个人理性之外，还必须发展出能够保证主体间性的"交往理性"，以便达成人们之间的一致同意。哈贝马斯非常正确地看到，理性"不具有宗教那样的统一力量"，所以只能发展一种理性的交往方式来形成"一致同意"，因为他人的同意是真理能够成为现实的一个重要条件。哈贝马斯相信他设想的"理想商谈状况"，大概相当于"有话好好说"并且"实话实说"，就能够保证成功的对话。可惜他的想象里漏洞甚多，在此不讨论。

这幅画是按照回忆画的，原作当场被哈贝马斯拿走了。

艾柯在迷宫中流连忘返

▲ 艾柯迷恋迷宫

有两类天才：一类是偏才，一类是全才。艾柯是全才，符号学大师、语言学家、哲学家、古典学家，还精通历史学、人类学、逻辑学、艺术以及数不清的知识，还有各种旁门左道甚至包括如何做毒药，按中国的传统说法，叫作"天文地理三教九流，无所不通无所不晓"。如此多的知识是怎么学来的？确实令人赞叹。不过使艾柯获得几乎无人不知的名声的却是他的小说，《玫瑰之名》被公认是世界上最伟大的小说之一，是一本需要有学问才能理解的小说，表面上是一个中世纪的探案故事，实质是他的迷宫哲学。他的小说获得了除诺贝尔奖之外的无数奖，据说多次被诺贝尔奖提名，却没有获奖，或许因为他的小说终究不多，他主要是个学者。记得有一次在印度开个学术会议，印度记者纷纷问他如何创作小说，艾柯说，小说很容易，"我只在星期天才写小说"。说这话时他的狡黠神态仍然历历在目。

　　《玫瑰之名》里有个他设计的迷宫，专业水平，非常巧妙。迷宫可以看作是艾柯思想风格的隐喻。我猜想，他的思想方法论大概想说，一个事物或者一个语词都相当于一个迷宫，因此我们不得不从非常复杂的关系中去构造关于这个事物的"百科全书式的"理解。因为一个语词不仅是个符号，而且是个意义深远的"文化单位"；同时，虽然通过复杂的探索能够发现正确的结果，但正确的结果却未必都来自正确的理由。《玫瑰之名》里描述的探案过程就是这样的，侦探的各种分析都头头是道，聪明过人，但大多数都不是正确的路径，可是却引出了正确的结果。《玫瑰之名》里有个重要情节是关于投毒的，艾柯为此请教过毒药专家，但他把药方烧掉了，"以免给人当把柄"。我疑心这么有趣的秘方是不是真的烧掉了，于是问过他，艾柯还是用狡黠的笑容回答说："真的烧掉了……但我记得一些……"艾柯喜欢画画，开会时就乱画，画各种漂亮的抽象图案或物体局部细节。有一次开会我坐他旁边，各画各的，他画物，我画人，我们相视一笑。我给他画过几幅画，可惜都不够有趣。

　　（艾柯已在几年前逝世，且以这段文字纪念这位有趣的老朋友。）

1. 去巴厘岛研究地方生活和制度

2. 斗鸡的习俗交为者达了生活

3. 其中有权力结构……

4. 获得了"地方知识"

▲ 格尔茨获得地方知识

　　格尔茨的人类学从哲学那里获得过重要灵感，反过来又给哲学提出了重要的问题。人类学研究琐事细节，试图以小见大。但如何才能以小见大，却是个问题。早期人类学不得其法，总是暗中使用刻板意识形态作为普遍尺度去衡量各个地方的文化，结果只不过是奇风异俗的描写加上粗浅的价值判断，无非把西方之外的世界各地说成是蒙昧的、落后的和神秘的，以衬托西方的文明、进步和科学。格尔茨在赖尔的哲学中发现了"浓描"这一概念,它强调充分描写出每个细节的文化语境、环境和条件,使每个细节在它自己的环境里被说明和解释,从而显示出它自己的文化逻辑,这样,每种文化的独特制度、实践运作和价值观才能被正确理解。浓描的方法很适合形成格尔茨所谓的"地方知识"。

浓描法在人类学中获得巨大成功,但在哲学中却未必,尽管它是哲学家最早发明的。赖尔所属的日常语言学派关心语词的细节,据说是受到维特根斯坦后期哲学的影响而发展出来的哲学方法。不过我疑心这种发展或多或少误解了维特根斯坦。虽然维特根斯坦强调一切事情都要在特定的"语言游戏"中去理解,但他要发现的是语言中的"哲学语法"而不是把哲学变成语言学或者类似语言学的东西。哲学追问的,是在各种逻辑可能性中,如此这般的一个事实提出了什么问题,而不是在特殊的文化背景中,如此这般的一个事实到底是什么样的。即使在人类学中,浓描法也会遇到一个问题:对细节的描述到底多浓密才算足够浓密?显然,细节可以成为无限细节,因此,细节描述需要细到多细,终究依赖某种知识预期,人类学家根据他主观想要的知识而认定"这就够了"。真的够了吗?会不会太少?或者会不会太多了?还是一个没有答案的问题。

▼ 纳什均衡

　　亚当·斯密相信理性人虽然永远只谋求自己利益
的最大化，但是众人各自的理性谋私行为非常可能形成
理性的社会选择，使大家都获益，就好像有只"看不见
的手"在进行安排一样。这个权威理论一直到纳什均衡
理论的出现才受到真正的挑战。在同样假定了理性人
追求利益最大化的条件下，纳什均衡是说，人们总会
理性地形成这样一种对策均衡：给定 p 的占优策略是 a，
那么 q 的占优策略是 b，当且仅当，q 的占优策略是 b，
那么 p 的占优策略是 a，并且这一策略关系使得任何策
略改变都是冒险。最有趣的是，每个人形成这样的策略
并不需要事先知道他人的选项，仅仅需要知道自己有多
少选项。它说明了，根据理性，人们只会选择"不比别
人更吃亏"的策略，好是好，但也因此不可能形成各自
利益的帕累托改进，即通常幻想的"双赢"是不可能的。

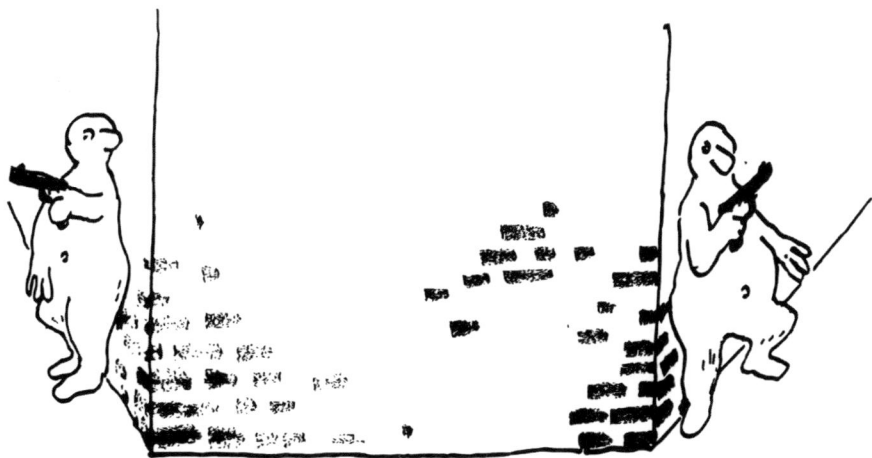

1. 博弈开始

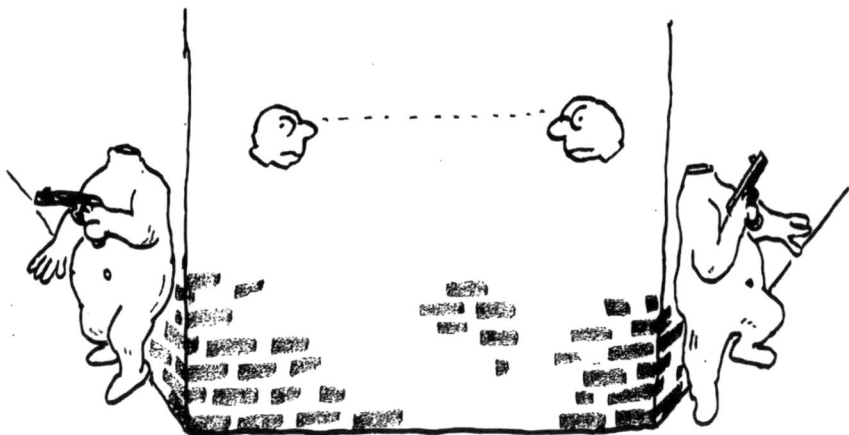

2. 都拥有"你知道我也知道"的共同知识。

3. 利益最大化的理性

"万一他先我就惨了".

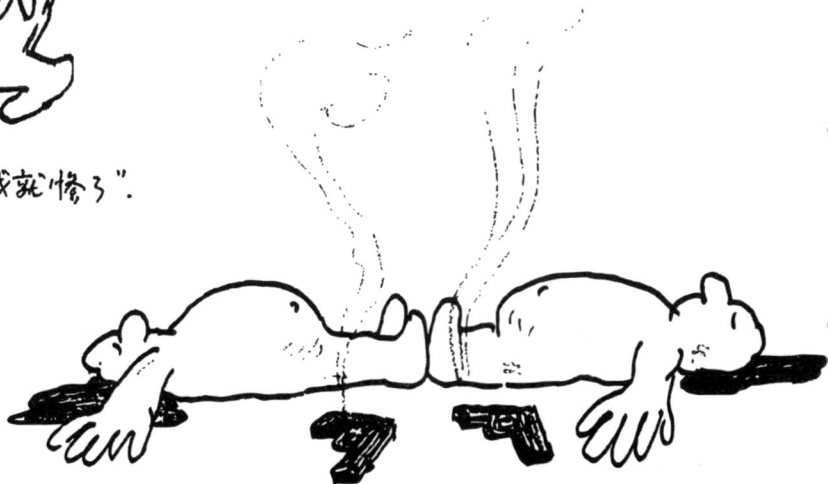

4、一个坏的纳什均衡.

赵汀阳

我后来画过另一幅画来说明，双赢的意思是零比零。

这种纳什均衡经常用"囚徒困境"来形象说明：如果两个罪犯都选择坦白，则都判 8 年；如果都抵赖，则都判 1 年；如果其中一人坦白另一人抵赖，则坦白的释放，而抵赖的判 10 年。结果，经过"理性的"独立思考，他们都选择坦白，因为这是唯一能够排除"别人占便宜而自己吃亏"的策略，尽管都知道，如果双方都抵赖就能够获得最好的结果，但没有人愿意铤而走险。这或多或少说明了，在现代社会的个人主义条件下，皆大欢喜的事情是没有的，能够不被别人吃掉就不错。也许可以说，斯密的乐观必须基于人们的行为总是碰巧互相形成"正面的外部性"，即正好互补互利，而纳什的悲观却在于，"负面的外部性"，即利益互相冲突的状况，是能够被证明的而且在事实上普遍存在，而正面的外部性却只是一种良好愿望或运气。不过"囚徒困境"模式还不是最坏的纳什均衡，它只不过没有双赢而已，毕竟不是双输。我这里描绘的"囚徒困境"想说明，世界上显然还存在着糟糕得多的事情，不但不能双赢，而且还得双死。

孔子曰道不行乘桴浮于海．

▲　孔子浮于海

　　先秦思想家们的思想深刻，充满创造性和智慧，
不亚于古希腊哲学家，而且人格生动丰富，不像后世学
者那样沉闷刻板。人们说，后世学者因循守旧，所以失
去创造性。如果真的是这样，倒还不算太差，事实是不
仅少有创造，也没有守住精神。汉代发展出经学，相当
于西方的古典学，宋明儒家发展了心性之学，有几分类
似唯心主义或心灵哲学，但都缺乏哲学性或反思性。原
因或许有很多，社会的，政治的，或文化的，对此多有

争论，但肯定有一个纯粹学理上的原因，那就是缺乏逻辑分析和论证的方法，这一点决定了思想只是展开而很难深入。比如说，心性之学也是一种对意识的反思，可是它反思的是意识的"过程性"的经验，却没有去反思意识的"结构性"，所以只是发现了一些感悟式的体会，却不能发现意识如何建构对象或如何建立生活规则。体会并没有提出问题，只是自身重复的经验，而只有提出问题才是建构性的反思。先秦哲学本来开了个好头，蕴含大量深刻的问题，那些问题都与如何建构世界有关，却不是用来修身养性的。

当然，也有人认为中国的传统"学问"本来就是这样的，本来就与西方哲学那种由问题到分析和论证的做法不一样。我觉得这样说是不对的。中国思想与西方思想在风格上和思路上固然非常不同，但无论什么样的思想都不可以没有建构性的问题意识。事实上，先秦思想就有着非常明显的问题意识，其中有许多问题是西方哲学没有能够发现的。相信如果孔子再世并且看到他的那些继承者的解释，大概会绝望到真的去"浮于海"了。

学而不思

▲ 孔子反对学而不思

　　孔子批评"学而不思"，这话几乎像是提前批评后
世儒家的。后世儒家的局限性，在我看来，是缺乏思想
方法论，所以很难生产出思想，只能生产各种意见。思
想方法论要求能够从一些重要的问题和概念出发，进入
生活或逻辑空间，发现其中隐藏着的问题以及问题之间
的关系，进而形成理论和论证。在缺乏方法论的情况下，
学问就变成体会和机锋，聪明是聪明，可惜无所建构。
后世儒家的努力似乎主要是试图说明，某些概念无非相当于另一些概念，或者某些语词相当于另一些语词。比如说，天即理，理即天，理在于性，性源于天，或者义理无非良知，良知无非义理之类的"洞察"。这些似是而非的"等于"不能说是错误的，但也缺乏说明力，既不是解释又不是定义，更不是论证，很难确定到底想说明什么。心性家可能想说，他们理解的那些基本概念能够解释"一切事物"。我敢说，那种解释"一切"的概念或原理肯定解释不了任何一个事物。另外，说一个概念在意思上等于另外好几个概念，这并不能实质性地增进我们的理解，更不能构成思想，至多像知道"回"字有四种写法那样有点趣味。思想不等于做做"文章"。学而不思大概说的就是不能进入问题，而只停留在语词上。

老子曰知足之足常足矣

▲ 老子知足

　　老子的这个观念可能就是后来民间所谓"知足常乐"的学术版,它几乎是个真理。假如人们总是对唾手可得的生活状态感到满意,那么快乐就成为常态。要证明它不是真理显然不容易,因为"主观感觉如何"在理论上是驳不倒的。这可能是人们喜欢选择主观论证的原因,主观态度既省力又驳不倒,"我就这么觉得"就已经完成了证明,何乐而不为?不过问题没有这么简单。假如仅仅抽象地讨论任意一个唾手可得的状态 s,当然

就驳不倒了。但如果把 s 代入为具体情景就恐怕有些
麻烦，尽管仍然不见得就能因此驳倒主观感觉，但肯
定会使得主观感觉的魅力大大受损。假定 s 是人们通
常认为很糟糕的生活状态，比如贫困、社会地位低下、
受别人歧视等等，那么，当某人对此很知足，相信自己
过得不错，这样是不是能够说得通？我们知道，社会地
位、财富和名声都意味着一些可能生活，一个人当然
可以不要这些可能生活，没有人能够证明他过得不好，
但至少能够证明他能够通达的可能生活比较贫乏。如果
一定要说，我就要贫乏的生活。说到这一步似乎就有些
自相矛盾了。维特根斯坦有个例子：有个人故意打臭球，
别人不高兴，他说，我就喜欢打臭球，你管不着。结果
别人只好说，那我也没辙。虽然没辙，但臭球就是臭球。
真实生活中也有类似情况，比如有人会说他就喜欢浑浑
噩噩、醉生梦死，别人确实管不着。但问题是，几乎所
有可能生活都是"与别人一起生活"，没有什么生活意
义是自己能够定义和实现的。我的意思是，知足常乐肯
定是个好的心理状态，但"所乐"必须是心同此理的可
能生活才是能够自证的。

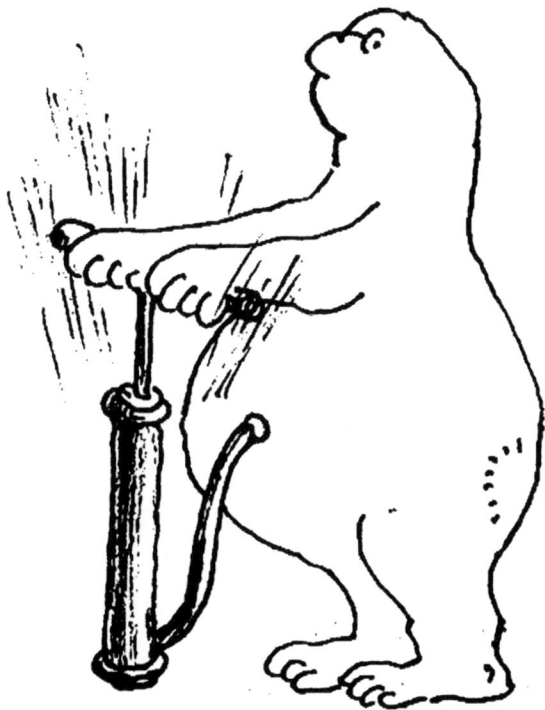

孟子曰气体之充也,我善养吾浩然之气.

049
孟
子
的
浩
然
之
气

▲ 孟子的浩然之气

　　后世儒学所以逐步偏离孔子，这与后世儒学更多
继承了孟子而不是孔子有关。孔子之后的儒家里，孟子
最有才华，有许多真知灼见，甚至比荀子更有才华，但
也更偏离孔子。估计很多人不同意这个看法。我的理由
是，孔子本来思考的主要是外向型的政治、社会和文明
问题，但经过孟子的转化，转向了内向型的心性问题。
于是有了两个难题。首先，政治、社会或文明问题不可
能简化或还原为心性问题，制度和心性并非"内和外"

的自动对应关系。心性儒家建立的"由内（圣）而外（王）"这样一个假设在理论上既无证明也无效率：一方面，制度比心性多出来许多不同质的问题，不能都指望通过心性来解决；另一方面，心性也不可能推出制度，不可能化为制度，因为任何制度都是长期社会博弈的结果。心性对人性的改造是一个不可能的工程，不存在一种修养方式能够必然产生经得起任何诱惑的"不屈不移"的良知，或者必然能够把坏人变成好人。这个问题等价于两千年来无法解决的教育难题，即不存在一种教育方式能够必然产生伟大的品质。另外，在知识论上说，心性对自我经验的反思何以产生"通天彻地"的理解？这也是既无证明也无证据。心性之学被现代儒家想象为"内在超越"，对应于"外在超越"，这种想象是很生硬的，本来，超越性（transcendence）就是指超越了自我的外在超越，而自我超越自我听起来更像是悖论。其实，先秦哲学谈论的"天"是大于人的，相当于外在超越，即使在汉儒的"天人合一"那里，天仍然高于人。心性儒家的"心包天"是个创举，但忽视了一个关键问题：心想并不必然能够事成。所以，心性只能解决属于心性的问题，不能对各种问题进行九九归一式的还原。心性之学只是个人的事情，无法解决社会、政治和经济问题，更不能作为制度的基础。

王阳明曰：乐是心之本体．常人有之而不
自知，反自求许多忧苦．但一念开明，反身而
诚，则即此而在笑．
赵汀阳

▲ 王阳明心情

　　王阳明是心学领袖。从一个侧面上看，中国哲学
都是广义的"心的哲学"，但不是作为心性之学的狭义
心学。西方也有心的哲学，不过西方哲学的"心"(mind)
的问题其实是"思"，中国哲学的"心"(heart) 却是
落实于人际关系之上的问题。"思"与"心"各有各的
问题，思的哲学要分析和解决各种事情的"形式"或者
"程序"的可能性和合理性，而心的哲学则要分析各种
事情的"意义"或者"价值"的冲突和协调问题。这

两种哲学必须配合起来才能真正理解世界。但无论是思还是心的问题都指向心之外的事物和他人，而不是指向心自身，就是说，心的哲学需要研究的是外部存在，而不是王阳明所谓的"灵明"。王阳明嘲笑朱熹的"格物"没有能够格出什么结果，朱熹格物固然不得其法，但格物却没有什么不对。王阳明去"格心"，只能更加没有结果。

Concept

观　念

观念与事实总有出入

▲　观念与事实的出入

　　柏拉图相信事物都有个理念（eidos；idea），它是事物的"型"，决定着事物的本质。不过，现实事物与理念相比总是不如作为原型的理念那么完美，因为现实条件就是局限性，总是难以充分实现理念。如果这样的话，我们就有理由说，观念都是想象的产物，是想象出来用来衡量事物的尺度，可以模仿公孙龙的句型说：理念为尺，而尺非尺。想象一种东西，总是往完美里去想，结果，理念就同时是理想——从 idea 到 ideal 的语言学演变中也可以看出这一点。而我们又知道，理想差不多意味着做不到的事情，所以说，有了观念就有了理想，有了理想就有了烦恼。理想一方面是让人们觉得生活值得一过的理由，同时也是导致抑郁症的一个原因。只是理想主义是不行的，除非它同时是现实主义；只是现实主义也不行，除非同时是理想主义。

▲ 透过现象看本质

　　所见无非现象。人们相信在现象的背后有着决定现象的本质，但是一直很难证明存在着这种本质。本质似乎是隐藏着的秘密，但却不能说秘密就是本质。大多数的秘密之所以成为秘密，是因为人们有意掩盖某种事情，例如见不得人的事情或与利益相关的重大机密，而有时候所谓的秘密只不过是被忽视了的事情，这些都不足以称为本质。可问题是，我们根本不知道是否存在着本质这样的东西，但肯定知道我们有寻找本质的欲望，且不管有没有本质，因此，本质是一个假设。所谓本质，很可能是由我们对本质的欲望所定义的。我们想要找到能够"说明一切"的根据，于是就把能够说明一切的东西规定为本质，而在可观察的范围内又总也找不到本质，就只好相信本质总是隐藏着，总在"幕后"，越是找不到就越有魅力。对本质的欲望培养了人们的窥探癖，即使没有什么隐藏着，窥探行为本身也生产着快感和意义。

准备寻找深藏着的本质

▲ 现象与本质一样

解释事物至少有两种方法：一种是寻找原因；另
一种是寻找本质。但这两种方法都不完美。如果只是希
望在实践上某种程度地解决问题，那么寻找原因是个不
坏的方法，但在哲学上是不完美的。因为，假如要彻
底地发现一个事物的全部原因，就会发现整个世界都
是它的原因，我们不能够说世界上哪件事情对它完全
没有影响。因此，实际上找到的原因总是原因之一而
已。更令人尴尬的是，至今尚无对"原因"的合格定义，

寻求本质和挖宝差不多
赵汀阳

在许多情况下，甚至分不清原因和条件，让人疑心"原因"可能是个形而上学词语而不是一个科学概念。与此不同，本质被想象为一个事物的隐藏着的"定型"，如果找到了这个隐藏着的最终秘密，事物当然就被完全解释了。不过，在事实上，似乎并没有找到过确确实实有别于现象的那种本质，所以我们有理由担心，在现象背后的东西——如果有的话——恐怕还是现象，然后还是现象……

认识你自己

▲ 认识你自己

　　一般把这个思想归于苏格拉底。苏格拉底本来是想让人们意识到自己在几乎每一个值得思考的事情上都是无知的。苏格拉底往往通过无穷追问式的对话迫使人们承认其实什么也不知道，而苏格拉底也承认自己同样不懂。但这种谦虚的追问看来得罪人，苏格拉底最后被民主投票判了死刑。怀疑论的真正发源是苏格拉底，但"认识你自己"这个流俗口号很容易引起误解而掩盖苏格拉底的怀疑论意图。苏格拉底指出的是，每个人对事物的"无知状态",而不是要人们去认识"自己"。没有比"自我"更有害的想象了,自我概念会导致主体性的幻觉而破坏人与事物、他人和世界的丰富关系。自我并不存在,如果存在的话就更糟,想象自我、"实现"自我、"做自己"、"呵护"孤独而绝望的自我,除了把人的尺度变得藐小,似乎没有别的功效。人贵有意识和语言,而意识和语言天生与世界共尺度。

　　为什么许多人对自我有着无比的
兴趣？这并非人的自然习性，而是现
代文化。雄狮心中只有食物和母狮，
母豹心中只有幼豹，偶尔想起雄豹。
动物们似乎"眼光短浅"，只看见食物
和子女，但却心胸广大，看不见自己，
却看见了天空和大地。只有人关注自
我，因此失去世界。人有镜子能够看
见自己，人有文字能够听见自己，当
假设了"如此这般"的自我，"如此
这般"就变成了衡量万物的尺度。于
是不再懂得事物，事物被看成了材料、
粮食、能源和美学景观。可是就玉米
本身而言，和粮食有什么关系？

倾听自己的心声

他人的心灵在哪里?

▲ 他人的心

他人的心是个哲学的大问题,不理解他人之心,就不理解生活、社会、伦理、政治和经济。传统的"他心论证"主要依靠外在相似性来推论内在相似性。从物质形态来推论精神存在的这个做法,看上去更像是个丑闻。要是有人说"有个东西看起来和我长得差不多,所以我猜想这个东西应该和我一样也有个心",如果不是艺术家说出来的,我们会觉得是在骂人。"看着像个人,应该也有心"这样的推论是很笨的,而且还不可靠。其实，像人不一定就有心，未必总能够在像人的东西里面找到个心灵，比如说机器人。在正常经验里，他人的心是不证自明的事实，如果要求为不证自明的事实给出证明，通常都存在着至少一个关于它的先验论证。我曾经为他人的心给出过一个先验论证：在任何一种语言中，任意一个句子 s 都先验地预定了存在着对 s 的某个应答句子 s'，并且 s' 或是对 s 的认同，或是对 s 的否定，或是与 s 意义相关的某种延伸。总之，语言的先天对答结构预设了至少有两个心在说话，就是说，语言先验地预设了对话者，事先规定了两个心的纯粹逻辑位置，即使肉身的我和他人并不在场，我心和他心却已经在逻辑上事先被承诺了，或者说，在实现我和他人的"存在论承诺"之前，语言就已经内在地设定了我与他人的"逻辑承诺"。证毕。我自以为这个论证是完美的，如果谁有其他优美的证明，请不吝指教。

▲ 即使上帝窥探你的心灵

　　据说上帝按照自己的模样来创造人，于是人也有
了心灵，有了自由意志。这样的话，只要不怕违背自
己的兴趣和利益，你总能故意让别人甚至上帝猜错你
的心思。福克纳有篇小说，叫作《赌注》，讲的是一个
有智慧的赌徒与魔鬼撒旦打赌的故事。聪明的小伙子
通过故意说反话，例如"我赌你不想让我赢这场比赛"
之类涉及逻辑自相关的话，逼得无所不能的撒旦不得不
老是违心地帮助他赢钱。撒旦搞不过他，上帝也未必能

赢。当然，上帝全知全能，应该更高明些，也正是因为上帝更高明，所以不可测。在此不妨考虑我关于"上帝不负责任"的论证：经济学认为人有着个人理性，意思是，人自私自利，并且做事情有着逻辑一贯性，而不是没准没谱的。按照这个标准，撒旦就是理性的典型，他一心一意逻辑一贯地做坏事。我们又知道，世界是上帝创造并支配的，可是世界上有好事又有坏事，忽好忽坏。可见上帝没有是非观，又缺乏一贯性，不负责任，没有理性也没有道德，意志等于事实，所以是更高的绝对存在。其实老子早有"天地不仁"的洞察。我这个唯名论式的论证如果在中世纪就有些离经叛道，但在今天不足为奇。

对话是两点之间最长的线

▲ 对话是两点之间最长的线

在各种文化发生足够多又足够深入的交往之前，或在发展出各种不同的意识形态之前，人们之间只是交谈，不需要对话。找一些知识来互相鼓励，找一些感受来互相打击，都有生活效果。今天的世界，据说由于全球化而有了全面的交往，但正是因为交往的深入，所以才发现人们之间或者文化之间的鸿沟原来深不可测。对话本来谋求的是直线交往，结果发现对话成了难以实现的神话。记得多年以前，有一回以色列总理沙米尔和巴勒斯坦主席阿拉法特举行第 n 轮对话会议，而那次对话会议的主题就是讨论"下一次对话会议应该在什么地点举行"。

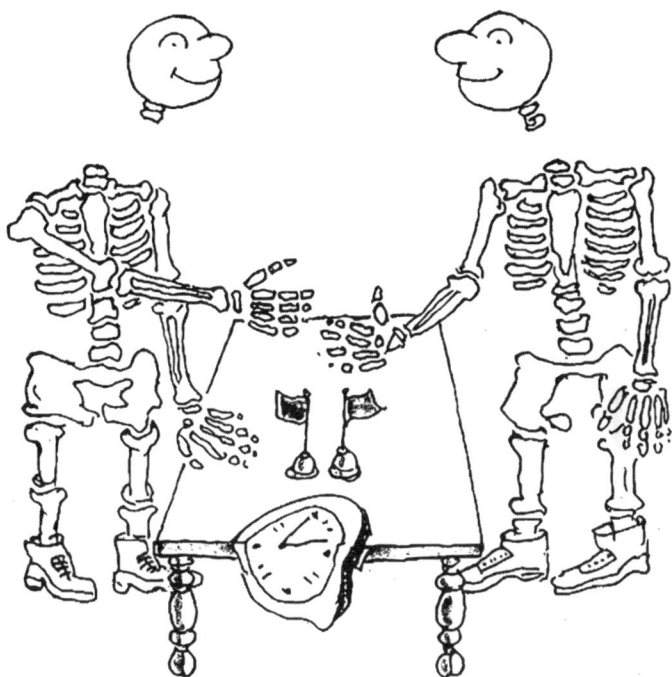

成功的对话需要足够长的时间

▲ 对话需要超长时间

哈贝马斯在对话理论上有重要成就。他的"交往理论"对人类理性寄予厚望，他相信，在传统的个人理性之外，还需要发展交往理性。假如人们处处而且始终使用交往理性，便有望创造"理想的商谈状况"，以至于人人都说实话，说真事，正确说话，这样就能够逐步消除分歧，最后达到一致。这个"对话乌托邦"虽然好，但有个实际困难，这就是，人们之间的许多冲突是基于非理性的欲望、利益和信仰，恐怕超出了交往理性的解决能力，就是说，要命的冲突不在"思"（mind）而在"心"（heart）。我曾经与哈贝马斯讨论到这个难题，并论证"互相理解并不能保证互相接受"，所以对话终究不能消除冲突。他辩护说，除了本来就有的一些理性共识，时间也必须被考虑在内，假如时间足够长，就有机会消除分歧，互相理解就有机会最终发展为互相接受。但这样的辩护实在有疑点。如果时间能够消磨掉分歧，也同样可能发展出更多或更深的分歧，就是说，在时间中，万物有消有长。不过我还是喜欢"时间足够长"的看法，它似乎意味着，既然两点之间找不到直线，那么，只要时间足够长，就不怕走最远的线。可是个人的生命是有限的，人们或许有足够的理性，但是否有足够的耐心，却是个问题。毛主席说过，一万年太久，只争朝夕。其实还有一个更悲观的问题，当时我没有说。哈贝马斯想象的理想交往状态是个非常低熵的状态，维护低熵的成本非常高，而且其前提是先有一个理想社会，可是理想社会又正是"理想交往"试图要去创造的……

必是一种"面对面"的关系

▲ 面具关系

　　列维纳斯最重要的发现可能是，人们首先并非知识论地互相研究，像研究一个东西那样，而是伦理地相遇，看到的首先是他人的一张先验的"脸"。所以直观地感觉到他人有"脸"，是因为你也是以"脸"去面对的。这种先于其他所有关系的"面对面"先验关系，证明了伦理学的优先性。但是，事实表明人们更多的时候却是以"假面"（面具）相对，而"以面具代替真面"构成了伦理学的一个根本性难题。伦理学不能简单地批判人的面具，更重要的是证明"真面相对"比"面具相对"更有魅力。

铁哥们儿

铁哥们儿

　　朋友或者友谊早在古希腊和先秦就已经是个哲学话题，亚里士多德讨论过友谊的伟大德性，先秦思想家也推崇朋友之义。朋友是解释生活本质的根本问题之一，如果在列维纳斯的"面对面"关系中去理解，就更容易看出朋友关系是极其难得的一种纯粹人际关系，是一种真正能够满足"面对面"要求的人性交往。真正的朋友关系就是能够几乎无条件互相帮助的关系，通常的说法是能够"两肋插刀"的铁哥们儿关系，它可能是使得生活具有魅力而值得一过的一个重要因素。谁都想要有几个铁哥们儿，他们会使人对生活具有力量而更为坚定。不过，诸如亲情、爱情和友谊这几样最能够表现人性的事情正在被现代的"个人利益"所摧毁。"个人"这一概念是导致生活失去意义的原因之一，它把所有不可分的事情都分开来核算为个人利益。亲情、爱情和友谊就其本质而言是不能切分计算的事情，一旦切分计算就烟消云散了。这似乎是许多人在几乎获得所有利益之后，仍然感觉到心中有些模模糊糊特别热切的欲望始终没有得到满足的原因。

帕累托改进的一个失败范例　　　昔江陵

🔺 帕累托改进的失败范例

　　合作对谁都有好处，这是直观，用不着证明。但事实表明，合作的确不是简单的事情。于是有个令人迷惑的问题：人们为什么要和对自己有好处的事情过不去呢？这不是怪得很么？纳什均衡理论是对这个问题的某个方面的回答，但不是全面的解释。也许很难对这个问题做出彻底的解释，但还是可以发现其中的某些深层问题。其中一个深层问题还是与"个人"这个利益核算单位有关，以"个人"为单位来思考问题就比较容易产生缺乏现实感的想象。表面上看，经济人的思考内容当然都是非常实在的利益，从不考虑乌托邦之类的东西，这似乎很有现实感；可是另一方面，经济人在思维方式上又是不切实际的，对他人麻木不仁，只想自己的最大化，所谓利益最大化的极限目标是"逻辑上可能的利益最大化"，而不是"合理可及的最大利益"，于是难免妄想"通吃"——尽管事实上很难做到这一点，但永远是坚决努力的方向——既然想通吃，当然就能不合作就不合作了，即使合作，也是迫不得已的暂时让步。

1. 需要发展

2. 没有人的处境变坏

▲ 众望所归的帕累托改进

　　帕累托改进通常用来表明，在一个社会中，如果发生某种变化，没有人的处境变得更坏，而至少有一个人的处境得到改善。更日常的说法是，没有谁吃了亏，但至少有一个人占了便宜。这样就意味着社会发展了，但人们未必都这样来理解"好事"。人们所理解的"好"往往与公正相关，即便无人吃亏，但有些人额外占便宜，这样的情况仍然属于"不平"，因为贫富差距会越来越大，而不平就等于不好，就是说，公正被认为是好事情

3. 还是没有人的处境变坏

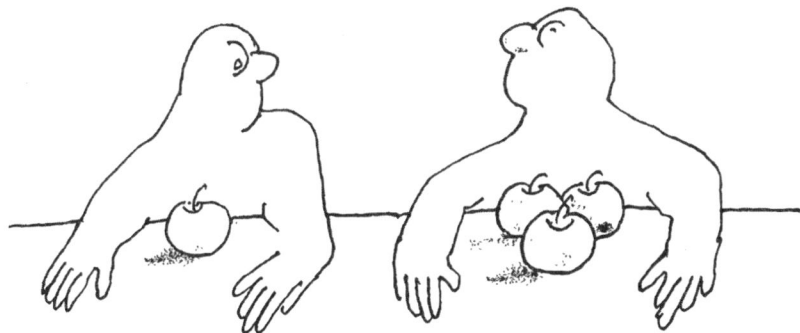

4. 不断得到帕累托改进

的一个相关系数，不能不算在内。这有些像马克思主义
指出的，人们不满的不仅是绝对贫困，而且是相对贫困。
相对贫困导致心理痛苦以及社会地位低下，非常大的
差距会使"没有比过去更差"的人们的生活失去意义。
当然，大多数人想象的"好"也不至于是平均，而是公正。
不过公正从来就是个不清楚的概念，任何一种公正方案
都令部分人不满，可见公正是世上最难的事情之一。

1   多数原则（国内民主理论）   2. 更好的多数

▲ 国内民主与国际民主

　　有一个众所周知的选择原理是这样的：两害取其
小，两利取其大。虽大致不错，但令人失望的是，大多
数事情的利害总是不那么清楚而且交织在一起，于是人
们经常不知道"哪头甜"。制度就是利害关系最不清楚
的事情之一。民主与专制是两种最主要的制度。就"两
害"而言，民主可能导致的坏处似乎小于专制（民主倾
向于产生平庸的结果而不是危险的结果）；但就"两利"
比较时，专制可能创造的好处却可能大于民主（由于

1（国内民主实践）　　　　　3．赞成和平的举手（国际民主雏形）

民主的平庸，所以很少做出伟大的事情）。当然，出于风险规避的理性原则，人们更愿意选择不危险的民主。但由于社会是多层面的，当把其他制度因素考虑进来，事情就不简单了。比如说，如果一个民主社会同时是个现代商业社会，那么民主很可能会变成伪装的民主，因为财富能够买断人心，至少能通过买断信息和宣传而买断人心，还有能力操纵议题，所谓"议题设定"，所以现代商业条件下的民主社会的真正选票是钞票。而在

十、"赞成战争的举手导弹"（国际民主实践）

国际问题上，民主甚至还可以用来超越民主，比如说一个民主国家的人民可以为了他们的最大利益而民主地决定打击另一个国家。这时，"内部的民主"就兑换为"外部的专制"了。

▲ 正确的比赛方式

　　现代社会是个竞争社会，所有事情都变成了竞争。竞争就是比赛，比赛首先意味着大家都只能玩某个共同的游戏，而不能各玩各的。当然，现代社会有自由，从理论上说，可以自己玩自己的游戏，但由于大多数人不和你一起玩，你的游戏在"社会"这个大游戏中就变成了失败的游戏，结果往往还是不得不参加集体游戏。现代自由的一个用处就是自由地选择了不自由的结果。其次，比赛又意味着必须赢，否则就什么也没有了，于是生活变得非常残酷。在现代社会，这种残酷不一定表现为物质的剥夺，更多的时候表现为生活意义或价值被剥夺。进而，比赛还意味着竞争的不断升级，如果不想办法创造更加疯狂的成绩，发明更疯狂的比赛方式，就会被淘汰。比赛可以不断升级，但人们从生命到心理的承受力却有限度，当达到极限，人将疯狂而死。比赛是现代社会的原罪。

▲ 有人想到了上帝

　　人间有解决不了的烦恼，人们就容易想到有个"更高的"神灵来拯救人。由于人同此心心同此理，因此所幻想的神灵在能力上也大同小异，无非都有操纵一切的无穷能力。不过神灵们的精神气质倒是颇为不同，一方水土养一方神。"上帝"原来只是个地方神，犹太人的神。但基督教不相信上帝只是地方神，它宣称上帝不仅是一元的而且是普遍的神，于是把其他信仰定义为异教，而把基督教内部的不寻常解释定义为异端，总之都是异己。异己思维是一种概念先行的危险思维模式。平常的思维总是根据事实来确定概念，即先存在敌人这个事实，然后明确敌人的概念；而异己思维却事先定义了敌人的概念，然后再寻找相应的"事实"，所以看谁都像敌人。

哪只是拯救之手？

▲ 拯救的手

　　假如人们都需要想象一个普遍的神，不管是给心理问题还是给思想问题创造一个最后答案，不管创造的是心理鸦片还是思想鸦片，总还是有些意义的，因此，无论神多么荒谬，都不构成危险。问题在于，神代表了谁的利益？逻辑上说，任何一种普遍神都是等价的存在，对人应该一视同仁。如果这样的话，无论相信哪个神，也是等价的。可以这样证明：假定有个完美的神，它既然是完美的，那么就具有一切能力和价值，即使某些能力和价值一时没有被人想到，那也都先验地被蕴涵在完美神的概念中，因为完美意味着所有优势，于是，虽然人们各自想到的神有着不同的命名，但其所指必定是同一个事实或完全等价的事实。因此可以推论：（1）无论什么样的拯救都是等价的拯救，并不需要某个特定命名的神；（2）任何完美假定的神都是同一个神，异教或异端不存在；（3）人人都可以想象自己乐意想象的神，并不需要去崇拜别人想象出来的神。于是，神是合理的，但宗教是不合理的，因为神代表着所有人的利益，但宗教只代表某些人的利益。

▲ 灵魂自救

　　人间多磨难，更多辛劳，这个事实表明，神并不直接拯救人，而只鼓励灵魂自救，人只能自己拯救自己的灵魂。而宗教却试图规定由某些人代表神来拯救别人，而我们不知道"某些人"因为什么而拥有如此的权力。神支持人的自由，否则不会赋予人以自由意志，而宗教是反自由的，因为反对不同的信仰。事实上，宗教是意识形态的发源，尤其基督教有着意识形态的四大发明：布道（宣传）、告解（批评与自我批评）、信众（群众的起源）和异教徒（精神敌人）。

海子诗曰：双手劳动，慰藉心灵

▲ 劳动慰藉心灵

拯救灵魂是什么意思？是不是通过内心反省或者
修行？从而让自己感动自己？如果立地能够成佛，人们
就先会勇于举出屠刀。海子说得对："双手劳动，慰藉
心灵。"无论劳动是否能够改变世界，至少能够改变
自己。

值得推荐的自杀方式之一

▲ 自杀问题

　　康德曾经讨论到，当一个人觉得生活没有意义，是否有权选择自杀？他对此是完全否定的，理由是，自杀不能表现人的目的。不过这个问题仍然诡异。假如承认人有权利自由选择，就很难说没有权利选择自杀。康德反对自杀的理由有其宗教背景，基督教默认只有上帝有权决定人的生死，反对自杀和反对杀人基于同样的理由。中国文化一般也反对自杀，但态度灵活，反对自杀的理由是，自杀可能导致相关他人的不幸，所以不单纯是自己的事情，但如果为了"大义"就可以自杀。据说日本的自杀有着更深的道理，我不了解，只知道，在日本文化里，自杀甚至包含一种美学。也有一些西方哲学家并不同情康德理论，例如加缪就认为自杀是个首要的哲学问题。

　　自杀问题的复杂性在于，生命是最大利益，如果生命已经没有意义，任何其他的利益衡量就不再有意义了，这时生命本身变成了不幸，于是，反对自杀就等于说人必须选择不幸的生活，可是要求人必须过不幸的生活似乎也不对头。假如人无权自由支配自己的生命，

值得推荐的自杀方式之二

值得推荐的自杀方式之三

就等于没有真正的自由，这样的逻辑后果很严重，马
上就可以有理由来发明对人的更多专制，最后会发现，
没有一件事情不能找到理由来把它说成是不道德的或
者政治不正确的。事情开始是对的，慢慢就变成错的，
最后就有理由对一切行为实行专制。自杀问题的一个现
实应用是安乐死，这是一个不容易解决的问题。

1. 断头台：没有感觉但不体面

JUSTICE

2. 毒酒：体面但是痛苦

死刑研究

古代人在死刑问题上想的是如何让犯人死得其惨无比，以此警告其他人不要犯罪，于是发明了腰斩、火烧、炮烙、油炸、凌迟诸如此类的残酷死法。现代人决心使死刑变得文明一些，从断头台、枪毙、电椅到注射，据说"几乎"没有痛苦了。后来在人权思想的影响下，人们又相信死刑即使不再痛苦，也仍然是坏事，于是欧洲诸国率先取消了死刑。

取消死刑的主要理由是：（1）合法杀人也是杀人，

死刑是以错误应对错误；（2）死刑不能改变已经发生的犯罪事实，而如果死刑的目的是减少以后的犯罪，那么监禁有着同样效果；（3）应该给罪犯重新做人的机会；（4）死刑的存在会使罪犯更加拼命；等等。这些理由都有道理，但似乎忽略了另一些问题。取消死刑的理由基于把任何人当作与行为无关的抽象人，这种"无差别"的理解在客观效果上更有利于罪犯而再次伤害了受害人。问题在于，天赋人权是一个权利和义务失衡的概念，在逻辑上是一个"非良构"（not well founded）的不合格概念，在其中，权利大于义务，而且，权利是绝对和无条件的，而义务是相对而有条件的。如此违背

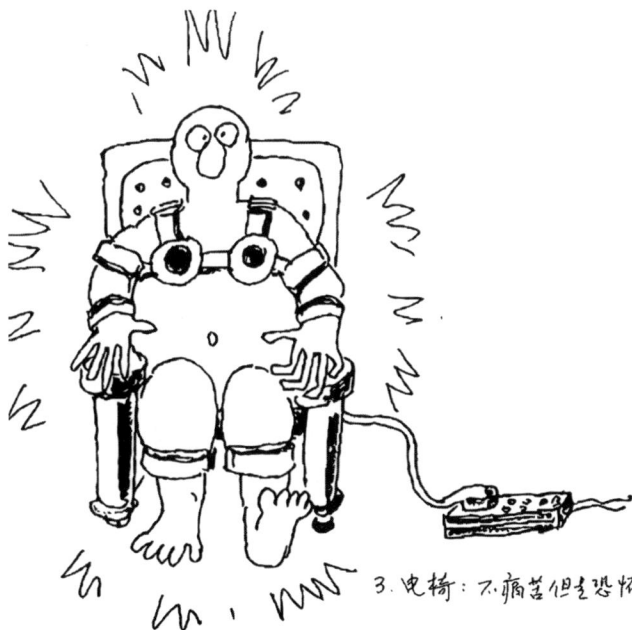

3. 电椅：不痛苦但走恐怖

4. 注射: 不恐怖 但会做恶梦

对称性原理，其结果是保护了罪犯的人权，却无法保护受害人的人权。显然，对罪犯的宽容就是对受害人的加倍伤害。重视罪犯的人权超过重视无辜者的人权，无论如何是不能自圆其说的当代现象。

在与欧洲学者讨论人权问题时，我曾经提出一个"算术式"的疑问：假如一个谋杀犯被判 7 年徒刑（欧洲常见情况），这在逻辑上意味着，受害人的生命等价于 7 年徒刑，那么该如何向受害人解释他的人权只等价于罪犯的 7 年徒刑？且不说北欧还有个屠杀了 78 人的极端罪犯只判了 17 年。这个疑问之所以回答不了，原因在于天赋人权是个混乱概念。我提出了一个能够恢复权利与义务对称性的人权概念，"预付人权"，试图修正人权概念的漏洞。

▼ 人 的 定 义

分类学是一门有趣的学问。没有分类，思想无法进行，一切都将是混乱（chaos）。希腊人发现必须用理念来为万物建立秩序，混乱才能被整成世界（kosmos）。分类就是最基本的秩序。分类与定义有着密切关系，如果不能形成"完美的"定义，分类就总有漏洞。

人的定义可能是最费力的。古希腊时，人有多种定义，一种是"会笑的动物"。这个定义虽然好笑，但其实相当有见识，因为动物都确乎不会笑。"会笑"毕竟是个鸡毛蒜皮的特征，以此定义人，未免不够严肃。古希腊也有更合理的定义，把人定义为理性动物，这个定义至今有效。还有把人定义为"政治动物"，这个定义就很深刻了。随着现代生物学、考古学和人类学的兴起，人曾经被定义为"会制造并且使用工具的动物"。可是有反例，行为主义心理学家后来证明黑猩猩急了也会制造并且使用工具。还有多种动物也会制造或使用工具。可以想象，最早的人类大概也是因为急了才使用工具的。人类学家发现人会"直立"这一显著特征，可是

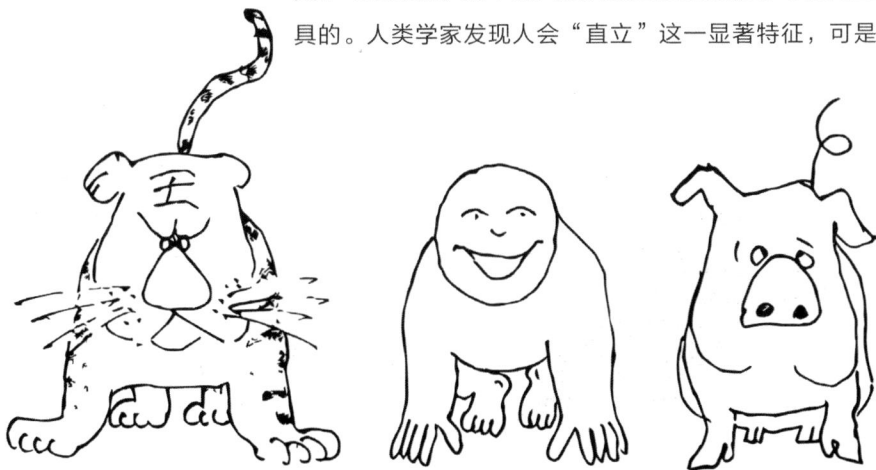

家禽"会直立却不会飞"似乎是证明家禽机能退化的一个臭名昭著的特征。语言学家又发现人是"会说话"的动物，这可能是一个比较接近本质的定义，不过有些比较高级的动物，比如海豚，似乎也有"粗浅的"语言。

我也有个定义：人是会逻辑思维的动物，或者，人是拥有逻辑性语言的动物，更简单地说，人是会说"不"的动物。证明如下：能够表达逻辑关系的语言才足以思考复杂事情，否则只不过是一一对应的简单信号体系。所有逻辑关系在本质上可以由两个最基本的逻辑关系来定义，比如说"非"和"或"的组合，或者"非"和"且"的组合，但无论组合如何变化，其中一个必须是"非"（否定）。在动物语言中很难说一定没有像"或"和"且"这样的逻辑关系，但是，"非"可以肯定是没有的。没有否定词，就没有自由意志。动物没有自由意志，不会故意不做什么，只会因为本能而放弃做什么。所以，说出"不"的时候就是人成为人的时候，说"不"就是人的本质。

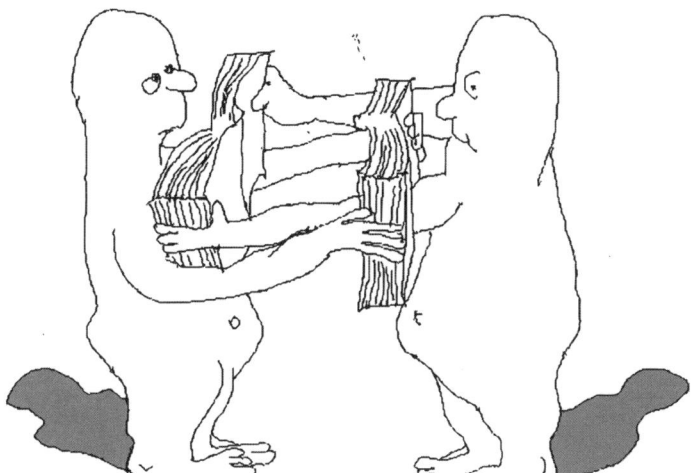

▲ 互动知识

　　这是特别献给我的朋友阿兰·乐比雄（Alain Le Pichon）的。他是法国人类学家和哲学家，和艾柯一起发明了"互动知识"（reciprocal knowledge）概念。各种知识体系本来就有互相作用（interactive），不过互相作用的知识未必保证知识的互相促进，也有可能互相破坏，因为知识背后有着意识形态。互动知识则想象在不同知识体系之间，必定存在着某种互相有利的反思方式能够创造新的知识。当然，要找到那种"互

相有利"的知识方法论并不容易。阿兰·乐比雄多年
来奔走于欧洲、非洲及中国、日本、印度、阿拉伯等地，
试图发现各种文化的"互相有利"的知识合作方式。

他父亲是法国军官，二战时在越南对日作战。
1945 年日军抓了他们兄弟几个做人质，那时他非常小，
小到不可能记得任何事情，但他居然记得"整天饿得要
命"。他们每人每天只有一片面包。这个要命的饥饿感
使他后来每天也只吃很少的东西，现在仍然如此。这
个经验后果与中国的情况似乎不太一样，20 世纪 60
年代和 70 年代人们没有足够的食品，结果后来有个说
法"三年挨饿，一辈子爱吃"，可以描述那一代人在生
活富足之后仍然"爱吃"的现象。

Phenomenon

现象

亲身体会文化

▲ 亲身体会文化

这听起来有些像人类学活动。尽管有人类学在严
肃地研究他者文化，但人们还是更喜欢关于他者文化的
一些未必为真的"刻板印象"。比如说中国人像中国园
林一样拐弯抹角，法国人像巴黎一样浪漫，诸如此类。
许多电影或故事喜欢描写德国人一丝不苟的性格，有个
电影说的是100年前的飞机比赛，德国飞行员在飞机
里拿出"飞行指南"一丝不苟地照做，第一条指南是"坐
下"，第二条是"打开发动机"……事实上德国人尽管

严肃，但不至于一丝不苟到如此地步。但意大利摄影师安德烈认为，那是没有遇到"真正典型的德国人"。他说有一次连夜开车要到德国办事，穿过阿尔卑斯山路，又逢大风雪，终于早晨到了德国，饿得不行，在饭馆想吃大餐，但费尽口舌，德国饭馆老板还是坚持说，你想要的那个是中午吃的，按照规定现在不能吃，早上你只能吃这个，要不你坐这等到中午再吃……

▲ 古典文化

人们对古典作品无论是艺术品还是思想作品通常的
看法是，古典作品是伟大的、永恒的、精华的、贵族的、
深刻的、认真的，诸如此类。虽然古代人自己未必这样看，
他们可能会觉得，作品就应该是那样的，难道还能够是
别的什么样？只有从现代的角度来回顾古典作品，我们
才会发现古典作品具有上述各种优秀品质。其中有些品
质的确如此，有些却是出于误解。例如"贵族的"或"精
英的"这样的品质并非古典作品的性质，而是现代人按
照现代概念想象的，古典作品无所谓精英不精英，无论
作品具有什么"微言大义"，都不拒绝任何人，都是写
给所有人的，它们言说的是世界、人和命运。所以古代
有永远可以共享的神话、史诗和悲剧，而表达个人情感
和经验的小说却是现代的发明。

▲ 现代文化

所谓精英的和大众的文化区分是现代概念。精英
文化的意思并不一定是指"曲高和寡",许多现代精英
作品并不深刻,而且也很流行,真正的意思大概更接近
于社会叛逆和社会批判之类,总之是"反思性"的作品。
大众文化则是群众喜闻乐见的、喜剧性的(即使题材
是悲剧,看上去也跟喜剧似的),虽然没有理想,却表
现社会进步。按照王朔一针见血的说法,大众文化主
要表现"真善美"之类的事情。大众文化生产了现代

社会的全部"榜样"，生活方式、品位、格调、价值观和个性等等，可以说是重新生产了整个人性。现代文化对责任不感兴趣，它是给人"玩"的，人们在"玩"中改变了人性，不知道这是不是"玩物丧志"的意思。大众文化有着内在的悖论性，比如它往往推销某种个性，可是人们都学习了这种个性，就反而变得更加没有个性了。因此，大众文化保持其自身生命力的方式就是不断"与时俱进"，制造不断过时的时尚。大众文化"与时俱进"的运动方式使它在根本上区别于民间文化。民间文化是保守主义的、积累成金的、精益求精的。可能与许多人想象的不同，大众文化打击的并不是"精英文化"，而是民间文化，甚至可以说，现代大众文化与现代精英文化其实同流合污，都打击了永恒价值。

砰！

▲ 行为艺术

　　当代艺术中最费力不讨好的是行为艺术，尽管出尽"怪"样，还是不足为奇。问题在于，行为本来就是最普通的事情，什么都是行为，按照日常语言学派的观点，连说话都是行为。而更恶劣的创作环境是，怪人、疯子、变态者、精神病人、偏执狂、自恋者、受虐癖之类实在太多，他们的行为直接就比艺术更艺术。还有，人类在理性或非理性指引下做出的惊人行为更是数不胜数，例如筑长城、登月、"集中营"、世界大战、爬珠穆朗玛峰、"9·11"事件等等，这些惊人行为足以使行为艺术失去创意。显然，行为艺术不能装疯卖傻，因为比不过真的疯子，又不能杀人放火，没有合法理由，只剩下一类事情可做，那就是，既正常又很难做到的行为。这样做，人们才有佩服的理由。不过按照这样的标准，似乎应该说，雷锋是杰出的艺术家，他的行为是最难的。正如毛主席所发现的，一个人做点好事并不难，难的是一辈子做好事。

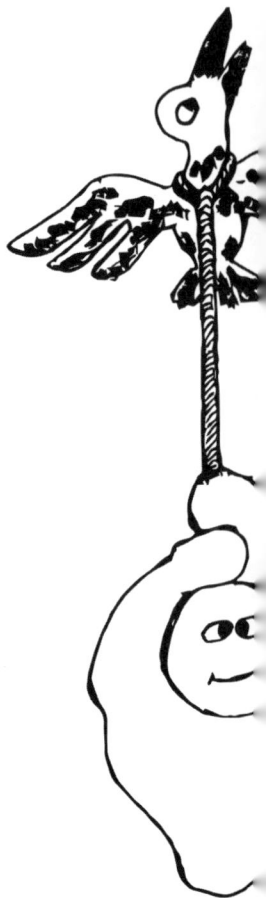

▲ 实验艺术

　　通常把艺术里具有"探索性"精神的艺术称作实
验艺术，其目的是尽可能多地发现新的可能性，就像
科学和思想需要开发新的可能性一样。比较不寻常的
地方是，当代实验艺术探索更多的不是技艺水平，而
是作品的形式和创作态度，就此而言，当代艺术和现
代艺术是一脉相传的，尽管现代艺术被认为属于过去
时。在古代，艺术很大程度上是一种技艺，一种手艺，
代代相传，虽然也推陈出新，但更重视精益求精。古

典艺术已经把手艺进一步发展为专业技法，甚至是创作方法论。到了讲究方法论的地步，就表现为"成熟"。例如欧洲古典音乐和古典油画或者中国的古典诗词书画。成熟的方法论固然有百炼成钢之妙，但也让充满创造性的艺术家感到压抑和绝望，他们需要突破，于是故意突破。突破本身变成了艺术的任务和目的，开始是为了突破古典艺术概念，后来变成互相突破其他艺术家的思路。艺术不再追求成熟和完美，而追求叛逆、造反、破坏、革命、另类和变态，很快就变成了废墟。能够构成"突破"的花样似乎没有想象的那么多，并非取之不尽，于是当代艺术正在忍受想象力逐渐匮乏的煎熬。另外，由于拒绝了积累、成熟和完美这些有关艺术质量的标准，艺术就转而引入政治标准和社会学标准，于是当代艺术越来越变成一种社会实践。简单地说，艺术不再是作品，而是事件。

前卫艺术：一种超前的运动   赵汀阳

▲ 前卫艺术

　　前卫性是实验性的另一个说法，但侧重面略有不同，大概实验性更强调的是艺术表现方式和技术手段的超前，前卫性更多说的是所表达"观念"比较超前，不过其中的"观念"并不是学术上的观念，而是一些打破日常规则的肆无忌惮的想法。前卫艺术非常需要日常生活中存在着一些特别愚蠢或者刻板的规则，这个时候就有事可做。这有些类似于分析哲学特别希望人们在语言和概念上存在着大量混乱，因此哲学才大有用武之地。

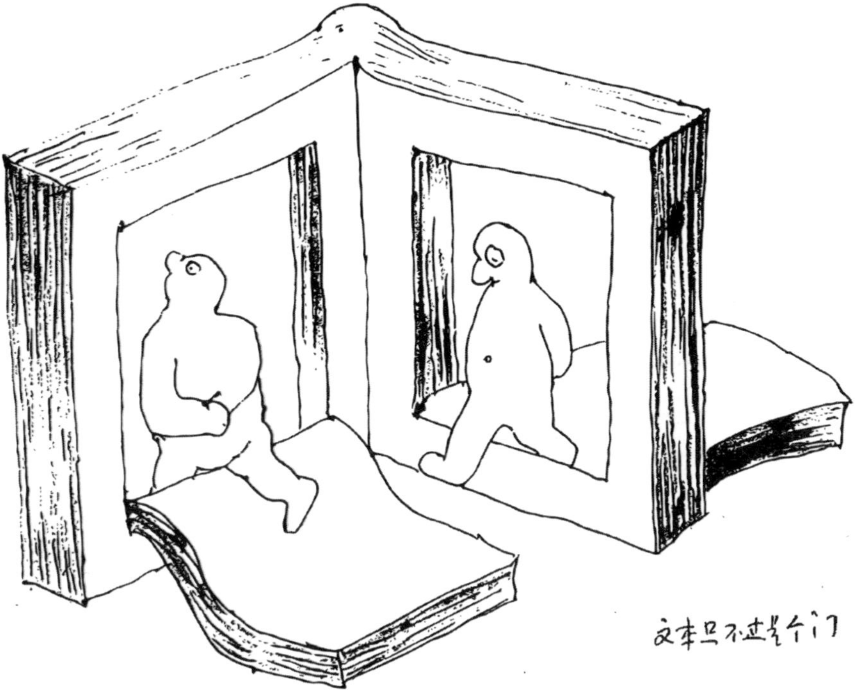

文本只不过是个门

进了门会有什么，事先不知道，能够看出什么也不知道，不能看见什么更不知道。读书的方式也是一种做人方式，如果是随时愿意看到听到新思想和新问题的人，就会按照书里开拓的路径去看到许多闻所未闻的奇迹；如果是希望在书里找到能够抚慰自己心灵的格言警句之类，就会看到自己本来知道但不好意思相信的老生常谈。我们大概都知道，安慰人有一种办法，就是把需要被安慰的人自己所幻想的东西重复给他听。

▲ 燕雀安知鸿鹄之志

　　记得"二手玫瑰"唱道（记得不太准确，但大概如此）：来来来，坐在一起来吹牛皮，看看有什么值得互相鼓励，看看有什么可以互相打击，千万别把你的过去说得那么不容易，小心冒出个伟人低调地对你说，你是个什么东西……

▼ 考试需要的不是智慧

　　最具现代性的东西莫过于考试。考试具备现代性的各种本质特征：数字化管理、严格规范、程序公正或形式公正、具有可预测性，等等。有一种现代化的筛选鸡蛋的方法是使用一个标准尺寸的模子，小的不合格，大了也不合格。鸡蛋模子是现代考试制度的一个不坏的隐喻。现代考试能够淘汰比较差的学生，但同样淘汰掉天才。这不是现代制度的失误，而正是现代制度的意图。现代社会最大量需要的是能够加以数字化管理的人，而不是出格的人，不管是差得出格还是好得出格，只要出格，就对现代社会秩序不利。幸亏有时还有点浪漫主义残留。有个故事说，在这个日新月异的时代，一个诺贝尔奖得主在毕业 20 年后回母校游玩，发现考试题目居然没有任何变化，于是去问教授，教授说，是啊，题目确实没有变，可是答案变了呀。

考试与智慧之关

电脑时代

　　电脑时代同时也是互联网时代，显然，如果仅有
电脑而没有互联网，那么电脑就只不过是个超级机器，
不足以形成个"时代"。网络为体，电脑为用。网络就
其潜力而言，似乎有着无限而且无所不包的能力；电
脑作为超级机器，也似乎有着即使不是无穷也远远超
出我们想象的潜力。电脑加网络什么都能干，除了不
能给人们意义、真理和幸福，甚至也不能增加人的自
由。本来对网络世界的预期是充分的自由和民主，事

实相反，网络世界充满歧视、压制、分隔、对立和冲突。
不过现代社会仅仅许诺过"发展"和"进步"，并没有
许诺意义、真理和幸福。进步和发展的真正意思是：(1)
过去必须做的各种麻烦的事情现在做起来比较容易，这
是技术进步的成就；(2)但这不等于说，现在需要付
出的时间和精力比较少，因为除了过去必须做的事情之
外，现在增加了大量过去不用做而现在必须做的事情；
(3)在过去可以自己决定有些事情做或者不做，还可
以决定这样做或者那样做，但现在这个权利取消了，不
做也得做，而且只能如此这般地做。

"21世纪的政府是 by the computers, of the computers, and for the computers"

国际接轨

　　阎锡山是个有主意的人，当年曾经把他所统治的
山西省的铁路改成窄轨的，果然与众不同，效果显著，
虽然打出去不方便，但别人要打进来也不方便。我的家
乡从前也有一段窄轨铁路，只能跑小火车，是日本鬼
子二战时建的，不知道日本鬼子怎么想的。日本投降后，
那段铁路就废弃了。铁路是最典型的路，因为它一点
也不能走歪。我有个朋友，以色列艺术家，叫达尼·卡
拉万（Dani Karavan），做综合艺术做得很好，他有
一组作品是关于铁路的，一段铁路不是通入一堵墙，就
是铁路中间正好有棵大树。

▼ 多元化

多元化理论是相当古怪的主张。主张一种东西，肯定是因为缺乏这种东西。可是世界本来就是多元的，并不缺少多元性，因此，主张多元化必定有着学术之外的原因。多元化理论的意义从根本上说是政治性的，它是对普遍主义的政治抵抗，是弱势群体或者弱势民族在文化竞争中的占优策略，是维护自身"文化身份"的政治策略。可以注意到，小国和边缘群体最热衷于推行多元化理论，还可以注意到，原来推行普遍主义的国家，如一些欧洲国家，在当代失去强势地位时，就开始相信多元化理论。多元化理论虽然没有很重的学术分量，但它作为社会现象却具有典型的当代性，它意味着，政治和经济的问题可以处理成文化问题来表达，同时，文化问题又需要政治的解决。

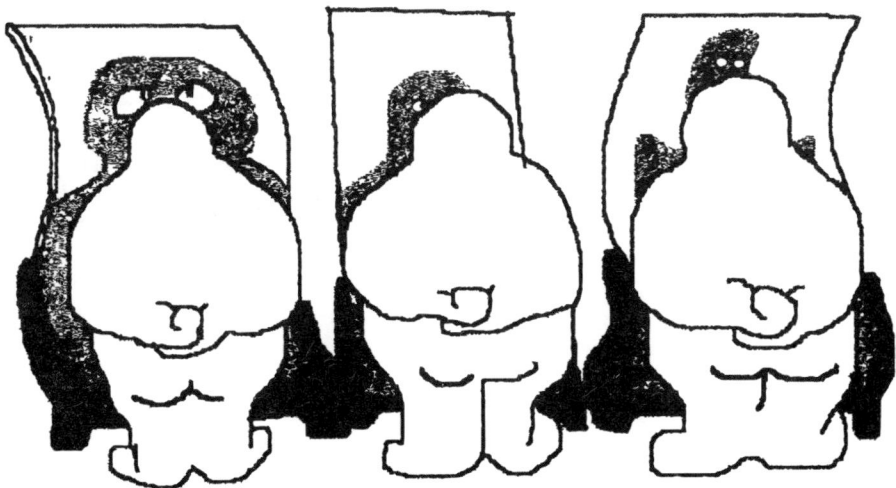

▼ 国际法附加条款第 N 条

即使如此，看来也没什么用。好在至少符合弗洛伊德的想象。

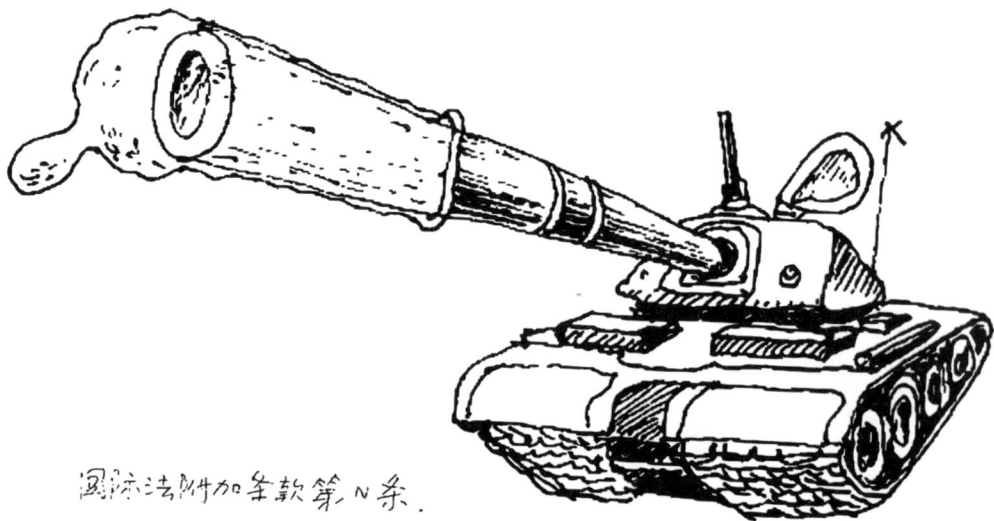

国际法附加条款第 N 条.

🔺 掩体

纪念所有在空袭中无助而死的人们。

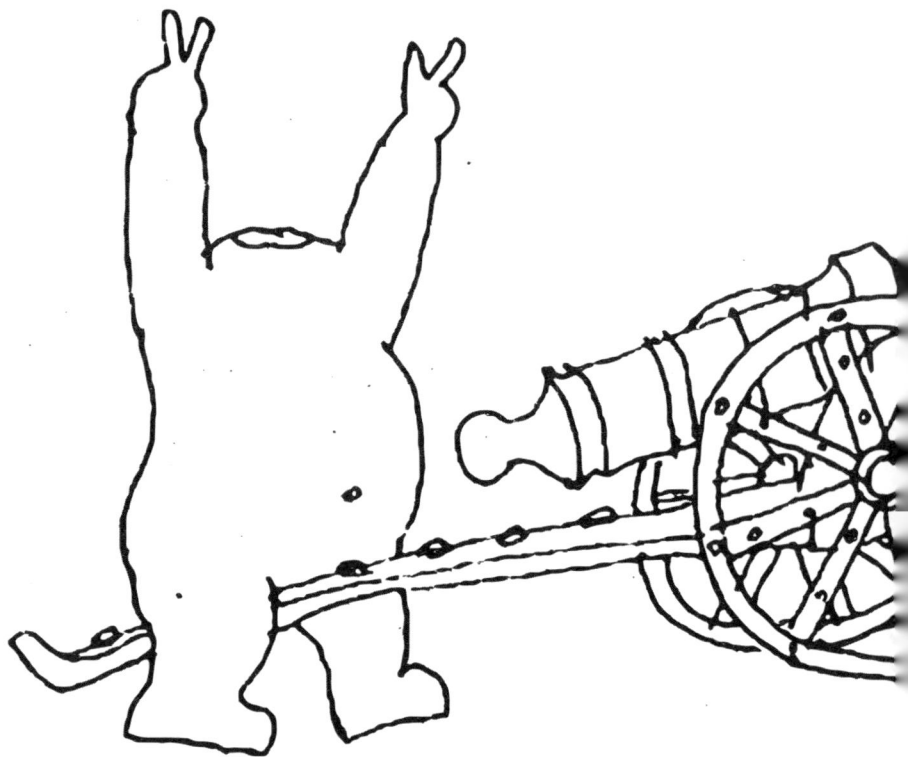

◀ 最后一颗炮弹

幸亏值得这样拼命的事情不是很多。

1. 检查！

2. 没什么

▲ 安全检查

尽管世界从来都是危险的，但"9·11"事件还是一个标志性的危险信号。人类生活中不同的危险有着不同的意味。地震、火山爆发、海啸、台风、雪崩、洪水、饥荒、瘟疫等虽然是毁灭性的，人们恐惧，但无从抱怨，因为那是世界本来面目的一部分。人们无法抱怨大自然应该长得更好些，因为没有这种可能性，世界就是那样的。只在当存在两种以上的可能选择时，抱怨才有合法理由。康德命题"应该意味着可能"，除了表面意思之外，

3. 没什么

4. 还是没什么

似乎还可以发挥这样一层意思：如果一个事情有着两
种以上的可能性（如果只有一种可能性就是必然性了），
就会出现"应该这样"还是"应该那样"的问题。所以，
诸如战争、暗杀和恐怖活动以及各种由于人类错误行为
导致的危险，才会构成反思性的问题。

1. 游戏种类由我选择　　　　2. 比赛规则由我制订

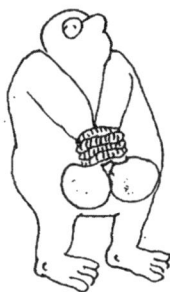

▲ 新帝国主义理论

　　游戏必有规则，把某些行为规定为非法的，这样
游戏才能进行。不过规则总有漏洞，总有空子可钻，这
样游戏才有趣味。当然，假如某个游戏极其严密，根本
没有漏洞，虽然少了某些趣味，但还是可以玩，至少
有"程序公正"。但根本没法玩的游戏也是有的，当下
的国际游戏大概如此。

3. 速战速决

4. 裁判我们正当

1、各国都服了吗?

▲ 宏大梦想的解构

　　50 年前人们对现代帝国主义有着错误的理解，那时候说帝国主义"亡我之心不死"。这个幻觉基于前现代社会，仍然是对传统帝国的理解，以为现代帝国和古代帝国差不多，无非是梦想灭国无数、一统世界。其实，传统帝国的浪漫主义和英雄主义与现代帝国主义的理性主义和实用主义根本不同，传统帝国追求光荣与梦想，而现代帝国主义只要实利和霸权。如果理解了这一点就会知道，现代帝国主义为什么没有"亡我之心"。

2. 不但都服了，而且……

3. ……而且都要加入我们美国成为新的州……

4. SHIT！

比如说，假如世界各国都服了美国并且都自愿加入美国
成为美国新的州，美国肯定不要，很显然，如果都成了
美国，那美国还能剥削谁呀？

历史的终结与最后一人

▲ 历史的终结与最后一人

　　黑格尔关于历史的终结的说法和论证一直保持着难以解释的魅力，看来只好说，许多人就是具有希望历史终结的心理。马克思想象了历史终结的共产主义版本，后来福山又想象了历史终结的资本主义版本。别的主义估计还会有别的版本。历史的终结，就是把该做的事情都做完了。完成任务确实是人的愿望，但就是不知道意义何在。想起许多年前，有个远房亲戚刚给儿子安排好了工作，紧接着又安排好了婚姻，兴高采烈地说，你瞧，工作有了，婚也结了，赶紧再把孩子生了，这辈子的事儿就齐活了，想待着就待着……听起来十分有道理，只是有个疑问：那接下来待着干什么呀？